KALIXT DE WOLSKI

LA
RUSSIE JUIVE

Kalixt de Wolski

Auteur de " La Russie juive "

DU MÊME AUTEUR

— *La Pologne - Sa Gloire, ses Souffrances, ses Évolutions.*
Librairie H. Ferreyrol 1 à 3, rue Vavin - Paris. (1911)
Réédition - The Savoisien et Baglis. (2018)

Première édition
NOUVELLE LIBRAIRIE PARISIENNE
1887
ALBERT SAVINE, ÉDITEUR
18, Rue Drouot, 18
PARIS

IMPRIMERIE ÉMILE COLIN, À SAINT-GERMAIN

Exegi monumentum ære perennius
Un Serviteur Inutile, parmi les autres

12 juin 2019

SCAN

John DOE

ORC, Mise en page
LENCULUS †(2016) & BAGLIS
in memoriam victimæ Judæi

Pour la Librairie Excommuniée Numérique des CUrieux de Lire les USuels

Source sacrée dans le monastère Saint Serafim de Sarov

Toi, qui t'apprête à lire ce document, sache que celui-ci fut pendant un siècle mis à l'index. On ne pouvait le lire du fait de sa mise au secret par le grand Kahal. L'auteur et tous ceux qui ont participé à sa réalisation ont eu à souffrir de la haine des Juifs.

Remercie-les en pensée, prie pour leurs souffrances endurées.

Nous plaçons la recension numérique de cet ouvrage remarquable et utile à tout bon chrétien sous la protection du Christ, de sa sainte Mère et de tous les Saints de la Sainte Russie qui eu tant à souffrir de la haine juive.

Lenculus †, *le trois fois maudit*

AVANT-PROPOS

Un nouveau courant a creusé son sillage dans la littérature. Il fallait sans doute que cela arrivât, puisque cela est arrivé.

Or, ce courant étant *antisémitique*, il faut qu'une source ait débordé quelque part, ou qu'une digue ait été rompue.

Quoi qu'il en soit, ce courant ira loin.

La littérature *antisémitique* est évidemment le produit, quelque peu hâtif encore, d'une instinctive et inconsciente frayeur devant les constants envahissements du Juif moderne. On a peur dans les camps chrétiens ; on se compte, et bientôt on avisera.

Il serait fâcheux que les timides essais d'une littérature purement défensive fussent légèrement jugés. La moquerie si incisive des Juifs et la coupable insouciance de la génération actuelle pourront à la longue avoir raison du généreux mouvement qui se fraye son chemin à travers les *colères sémitiques* et les naïfs étonnements des Chrétiens. Les petits et les humbles, je veux dire les Chrétiens et les Aryas, de race gauloise, germaine, et slave, ont, j'imagine, le droit de défendre, et même avec un peu de rudesse, les quelques débris de leurs fortunes, que le flot toujours montant du *sémitisme* n'a pas encore emportés. Il ne faudrait pas que le timide Chrétien s'habituât trop à porter gaillardement son joug, et que, pauvre honteux, il se résignât au rôle d'un vaincu, d'autant plus, qu'étonnés de leur victoire, les Juifs en seront bientôt *embarrassés*.

À l'œuvre donc ! à l'œuvre ! Et puisque la marche est ouverte, avançons sans haine, mais aussi sans défaillance.

Il serait regrettable que ce mouvement littéraire, étant donné le goût du public, se portât de préférence vers les récits qui répètent au lecteur ce qu'il sait déjà ou ce qu'il croit savoir, — le tout assaisonné d'additions plus ou moins correctes et plus ou moins divertissantes.

Le gros du public n'aime guère à apprendre, craint d'avoir à s'étonner sans comprendre, et hésite paresseusement devant les aridités d'une étude sérieuse. Or, l'étude de la *Question juive* implique un appel aux forces de la méditation et du calcul.

L'ouvrage que nous présentons au public est sérieux et profond. L'auteur a parcouru les pays où de grandes agglomérations de Juifs ou de grandes agglomérations de Juifs laissaient apparaître le jeu des engrenages et le mécanisme de la force motrice ; les obscurités qui cachaient aux chrétiens les replis de la conscience juive ont été percés à jour par l'auteur. Mais ce n'est qu'un commencement, une préparation à l'étude du *monde mystérieux* ou se forgent les armes qui ont asservi l'indépendance économique des Polonais, des Russes, des Hongrois et des Roumains.

L'auteur a fait preuve d'une grande lucidité d'esprit en désignant, sans tâtonnements et sans hésitation, l'admirable et funeste institution du *Kahal*, comme source de toute cohésion, collectivité et solidarité juives. Aux grands maux de sa race proscrite et abhorrée, Israël a opposé le grand remède : le *Kahal* !

L'auteur étudie ce savant organisme, ne dédaignant pas de s'appesantir sur les détails et les cérémonies symboliques, quelquefois futiles en apparence ; devinant, avec l'intuition d'un membre d'une nation proscrite, que tout est sérieux dans l'agencement d'un pouvoir appelé à sauver l'individualité d'une race.

Et qui sait si les méditations de l'auteur ne l'ont pas quelquefois amené à tirer de l'étude du *Kahal* des enseignements à l'usage de mainte cause plus sympathique ?...

Mais pour que le *Kahal* ait pu s'imposer comme sanctuaire de la solidarité juive, il a fallu que le jeu de tout organisme national, supérieur aux égoïstes aspirations du mercantilisme, fût diminué, ralenti, ou même entièrement anéanti.

Le faisceau des intérêts juifs devait être réduit aux seules convoitises réalisables par la communauté d'action, à l'observance d'une stratégie d'une inexorable discipline. Le barrage qui alourdit la marche de l'Aryen, — la nationalité, la patrie, le progrès, — autant de fardeaux dont le *Sémite* ne doit point être et n'est point embarrassé !

En effet, les Juifs ne forment ni une nationalité ni un État, et leur vie religieuse même se confond avec leur vie civile. Mais c'est là une race richement dotée de tout ce qui unifie, marque et accentue les races cruellement militantes. Les vérités d'ordre absolument pratique, ces vérités, ces règles qui les guident dans les combats qu'ils livrent aux Chrétiens, ne sont ni nombreuses ni complexes : le *Kahal* est là pour les interpréter. Point n'est besoin de codification. Le respect dont on entoure le *Kahal* tient moins à la vénération due à son caractère religieux qu'à son utilité pratique, dans l'enchevêtrement des intérêts juifs.

De là, la tendance des Juifs à respecter les traditions les plus surannées et le droit coutumier le moins applicable. Civile ou religieuse, souvent l'une et l'autre, la coutume juive est la seule force morale, le seul ferment de l'existence du peuple juif. Il faut ajouter, pour être juste, que leur obéissance aux préceptes du culte et aux prescriptions du *Kahal* touche souvent au sublime. Tel est le Juif, et tel il sera jusqu'à la consommation des siècles.

Les peuples chrétiens, eux, subissent les obsessions d'ordre supérieur et se laissent distraire des soucis économiques par le culte des choses auxquelles le Juif n'accorde qu'un sourire de dédain.

Depuis que cela *s'achète* et *se vend* couramment, — science, littérature, art, — le Juif *achète* et *vend* ceci et cela. Mais le Juif ne *produit* pas !

Toujours est-il que cet éparpillement de l'activité des Aryens profite aux Juifs, que ces belles choses n'absorbent point.

Il était dès lors tout indiqué que le Juif intelligent, mais d'un aloi différent (car son immense intelligence est inquiète et fiévreuse), choisira son lot en dehors de l'activité de ses persécuteurs.

Vaniteux, orgueilleux et *vindicatif*, le Juif a voulu être puissant et persécuteur à son tour.

Excellent calculateur, — puisqu'il y a du Chaldéen et de l'Arabe en lui, — il a compris que le maniement des chiffres aura toujours des subtilités dont l'étude répugnera aux peuples rêveurs. Dès lors il s'est dit que ce jeu de chiffres appauvrira le Chrétien obtus et enrichira le Juif toujours éveillé.

C'était parfait, comme raisonnement, et il n'y a pas eu une seule erreur dans la prévision juive.

Il y a mieux, — La politique aidant, le Juif a pu accélérer sa course et arriver *avant l'heure* au but convoité.

Pour asservir le travail chrétien, les Juifs ont trouvé, — toujours la politique aidant, — des complices au sommet de l'échelle sociale. Les empereurs et les rois, qui autrefois mettaient en gage leurs joyaux et leurs couronnes chez les Salomon et les Abraham, ont passé par l'école des Juifs et sont devenus d'excellents emprunteurs, de naïfs escompteurs des temps modernes. L'ère des emprunts une fois inaugurée, les Juifs ont pris hypothèque sur tous les avenirs hypothécables : revenus des Etats, chemins de fer, canaux, usines, etc. Y a-t-il encore un avenir qui soit libre d'hypothèque ? S'il y en a un, il est *noté* et *visé* par eux.

La puissance juive est donc, en définitive, un produit contemporain, éclos dans la tourmente des premières années du siècle.

Le Congrès de Vienne, tout en pacifiant l'Europe, fit signe aux Juifs, et ils accoururent pour apprendre que la *lourde liquidation* des guerres de l'Empire avait *besoin* d'eux.

Rien de plus ironiquement cruel que les péripéties qui ont accompagné l'avènement de la dynastie aujourd'hui régnante des Rothschild !

A la chute de *la plus grande puissance politique*, représentée par Napoléon, succéda, presque sans transition, l'éclosion de *la plus grande puissance financière* représentée par un Rothschild.

Napoléon débarque au Golfe Juan... — Trois mois après, Rothschild débarque à Douvres, annonçant aux Anglais la *bonne nouvelle* de Waterloo...

La barque qui portait ce singulier César à Londres, — où il faisait aussitôt rafle de toute la rente française, — cette barque n'était pas armée en course : non, mais elle a servi, néanmoins, au premier exploit de piraterie financière ! (Qu'on nous passe l'expression, en faveur de la vérité.)

« Tout cela était merveilleusement facile », a dû se dire le fondateur de la première race de nos rois actuels. On ne saura jamais le jugement qu'il a dû porter, dans son for intérieur, sur la révoltante incapacité des Chrétiens pour la liquidation de leurs comptes. Quant aux rois et empereurs, — plus authentiques, mais moins habiles que lui, Rothschild, petit courtier d'un petit principicule allemand, — ces empereurs et rois, étonnants pasteurs de leurs peuples, n'ont pas compris qu'eux et leurs peuples allaient assister à l'éclosion d'un nouveau pouvoir, et que les ouvriers qui travaillaient à l'édification de ce pouvoir étaient aussi des génies. Les têtes couronnées, — plus ou moins ointes, — n'ont pas la science infuse ! Ils allaient avoir bientôt d'autres soucis. Leurs peuples, du reste, ennuyeux quémandeurs de Constitutions, Chartes et autres libertés de même farine, travaillaient intelligemment à assurer le jeu des Juifs ... en faisant des révolutions, — lesquelles se soldaient toujours par des emprunts, des conversions et autres... tripotages !

Eh bien ! cette guerre *implacable* des Juifs contre l'avoir chrétien, cette guerre est silencieusement dirigée par les modestes états-majors qui ont nom *Kahal*.

L'auteur de *la Russie juive*, malgré sa placidité de Slave, laisse percer toute l'amertume de son âme, en constatant que le flot sémitique *mine, sape* et *corrode* les pays slaves, déjà cruellement éprouvés par leur désunion.

L'ouvrage de M. de Wolski devrait être continué et embrasser l'ensemble de l'organisation juive, qui assurément se modifie suivant que la résistance des Chrétiens, de faible et craintive qu'elle était, s'affirme avec plus ou moins d'énergie.

Les continuateurs de M. de Wolski n'ont qu'à marcher sur ses traces et chercher à pénétrer dans le nœud de la *Question juive*.

La Pologne et la Russie peuvent fournir les seuls vrais éléments de l'analyse, car les Juifs des pays slaves sont les spécimens des vrais combattants de la race non travestis. Les *institutions juives* s'y sont conservées à peu près intactes ; il n'y a eu là ni le frottement qu'apporte dans les pays d'Occident le contact avec les races indigènes, ni l'influence de l'air ambiant qui flotte autour d'une civilisation raffinée. Les Juifs de l'Occident sont tous, à l'exception de la branche portugaise, les descendants des malheureux que la Pologne a jadis accueillis. C'est là qu'il faut chercher le secret de leur puissance. Le *Kahal* a conservé, en Russie et en Pologne, tout son vénérable caractère primitif.

Etudions, par conséquent, le *Kahal*, — non pour une satisfaction d'archéologues avides de recherches ou de savants curieux des choses étranges, — mais pour notre sérieux profit et pour celui des générations prochaines, qui ne devront pas avoir à nous reprocher nos péchés d'omission. Procédons à cette étude avec l'effroi salutaire qui sied aux vaincus. Au lieu de récriminer stérilement sur la supériorité de l'*armement* juif, prenons leurs armes, puisqu'elles ont du bon, et servons-nous-en contre eux.

Est-il nécessaire d'ajouter que le *Kahal* a engendré une série de variétés, et que le *Syndicat*, par exemple, en est une incarnation moderne. — Les Syndicats juifs ont amoncelé des ruines ! Leur histoire est aussi à faire.

Aujourd'hui, le danger est plus grand, car le Juif est plus vigilant, il s'observe ; au besoin, il modifiera ses allures ; il ralentira ou accélérera, au besoin, le rythme de sa marche en avant.

L'auteur de *la Russie juive* conclut en indiquant les moyens de combattre le danger de l'*absorption* juive. La part qui incombe à l'État est définie.

Tout cela ne saurait conjurer la crise, sans le concours de la société *tout entière*, qui devrait s'organiser sur les bases du *Kahal*.

Et d'abord, il faudrait ne pas hésiter à inaugurer l'ère d'un robuste et brutal *égoïsme national*, et ne pas permettre que des accès de sensiblerie maladive viennent entraver l'œuvre de la défense.

Cette organisation de la défense, elle est, en Russie, une douloureuse nécessité ; mais, s'il faut y apporter une dose de dureté inévitable, que cela soit fait, pourvu qu'on y procède avec méthode et suite.

C'est évidemment au gouvernement, et la partie éclairée du public, que cette tâche devrait incomber, à l'exclusion de tout élément pouvant engendrer des désordres.

Le peuple des campagnes et la population des villes devront apprendre qu'une vigoureuse répression sera infligée aux fauteurs de désordres, tels que ceux qui ont déshonoré tant de villes russes.

Étant donnée l'intelligence des Juifs, il y a lieu d'espérer qu'eux-mêmes indiqueront au gouvernement les voies à suivre pour éviter soit les expulsions en masse, soit une série de mesures vexatoires dont la recrudescence équivaudrait à une cruelle persécution.

Dans la question si ardue du *flot sémitique submergeant le travail des fourmilières chrétiennes*, et en présence de l'incapacité chrétienne d'endiguer la marche du *sémitisme*, il est naturel que des mesures tardives, et conséquemment énergiques, soient proposées et discutées. Il y a là un nouveau danger. Il est dangereux d'apprendre au peuple que ses classes dirigeantes n'ont pas vu la calamité de loin, et qu'elles ont été insouciantes au point de laisser l'ennemi attaquer l'édifice social dans ses œuvres vives. N'est-il pas permis aujourd'hui (se dira l'homme du peuple), et n'est-ce pas à nous de réparer les coupables oublis de nos gouvernants ? C'est en Russie que le peuple a tenu ce raisonnement et qu'il l'a mis en action, en se livrant à des actes de barbarie et de cruauté dont on ne l'aurait pas cru capable. Les classes éclairées ont compris le danger ; une sévère répression a arrêté le vandalisme triomphant. C'est bien, mais le procès n'en est pas moins *pendant*, car il y a matière à procès entre les pays et leurs Juifs. Il faudrait faire appel à toutes les lumières et à toutes les bonnes volontés pour que le dossier judiciaire juif soit complet, juste et impartial.

En attendant, on peut signaler une grande fermentation dans le camp juif. La peur est bonne conseillère. Quelquefois un schisme est né parmi les Juifs habitant le midi de la Russie ; et les Juifs, dits «Juifs spirituels», secte apparue dernièrement, se détachent résolument des traditions de l'antique *sémitisme*.

Chaque pays a les Juifs qu'il mérite.

La France ne connaît pas assez les siens, mais elle s'apprête à les connaître.

Voilà pourquoi *la Russie Juive* est une lecture instructive pour ceux qui vont aborder cette même question, placée dans un milieu différent.

LA
RUSSIE JUIVE

*Les Juifs se sont constitués
en État dans les États.*
Schiller

I

La Question juive. — Gouvernement occulte des Juifs. — Le *Kahal* et le *Bet-Dine*. — *Le Livre sur le Kahal,* de Brafmann. — Le discours d'un grand rabbin. — But poursuivi par le peuple juif en tout pays. — Le Veau d'Or toujours debout. — La toute-puissance de l'Or promise aux fils d'Abraham. — Elle va se réalisant et l'on touche au résultat tant attendu. — Tableau de la situation financière en Europe. — Les Juifs en sont partout les maîtres. — Il s'agit pour eux de parachever l'œuvre de domination en tout et partout. — À qui veut la fin, tous moyens sont bons. — Il faut s'entr'aider… entre Juifs. — A eux les questions sociales et le faux zèle démocratique, pour agir sur les masses et les soulever à point nommé. — Les révolutions, clandestinement provoquées et fomentées par eux, font les Juifs les Rois de la Terre.

Nous ne prétendons pas aborder ici une question neuve et inédite. Car, quelle question n'a été exposée déjà, analysée, discutée, résolue même, sous les points de vue les plus divers, souvent les plus opposés ?

Depuis le commencement du siècle actuel surtout, le champ de discussion et d'investigation s'est prodigieusement étendu. On a beaucoup écrit en particulier sur une *corporation* très nombreuse, très puissante par les capitaux dont elle dispose, et qui, à la faveur du droit d'asile et des droits civils dont elle jouit partout, s'est constituée en un *État à part* dans chaque *État*. Fractionnée dans chaque localité en populations autonomes, elle obéit à une sorte de gouvernement occulte, tant administratif que judiciaire, représenté l'un par le *Kahal* (commissaire administratif), et l'autre par le *Bet-Dine* (tribunal judiciaire).

Cette *corporation*, c'est tout Israël, disséminé de corps, mais uni d'esprit, de but et de moyens.

Le *Livre sur le Kahal*, publié en langue russe (Vilna, 1870) par Brafmann (juif converti) démontre manifestement l'organisation puissante des Juifs dans tous les pays, surtout en Roumanie et en Pologne, leurs tendances, les moyens qu'ils emploient pour parvenir à leur but, enfin la stricte discipline avec laquelle tout Juif se soumet aux ordonnances de ses chefs.

Ce *Livre sur le Kahal* a jeté une telle perturbation parmi les Juifs qui habitent la Russie, par la révélation de leurs plus intimes secrets, qu'en très peu de temps tous les exemplaires de la première édition ont été achetés par les Juifs eux-mêmes, et par eux détruits, ou brûlés, ou cachés.

Cependant, ces autodafés clandestins n'ont pu empêcher que quelques exemplaires de cette publication, échappés à la destruction, ne soient tombés entre les mains des Chrétiens[1], et comme nous avons eu la chance de nous en procurer un, nous en avons traduit les parties les plus saillantes, que nous allons donner dans ce travail, lequel, à vrai dire, n'est qu'un recueil d'extraits traduits de différentes langues et à différentes époques. Ce sera son mérite et la garantie de sa sincérité.

D'abord, pour avoir une idée du but que les Juifs poursuivent et de leurs aspirations les plus intimes, nous commençons par le discours d'un grand rabbin, prononcé à une réunion secrète. Ce discours, extrait d'un ouvrage anglais, publié par sir *John Readclif*, sous le titre de *Compte-Rendu des événements politico-historiques survenus dans les dix dernières années*, dévoile la persistance avec laquelle le peuple juif poursuit, de temps immémorial et par tous les moyens possibles, l'idée de « régner sur la terre ».

---

1 — L'Infamous Lenculus† vous en offre un exemplaire en français (rare et surtout introuvable) : http://www.histoireebook.com/index.php?category/B/Brafman-Jacob

Le voici, en entier :

« Nos pères ont légué aux élus d'Israël le devoir de se réunir, au moins une fois chaque siècle, autour de la tombe du grand maître Caleb, saint rabbin Syméon-ben-Ihuda, dont la science livre, aux élus de chaque génération, le *pouvoir* sur toute la terre et l'*autorité* sur tous les descendants d'Israël.

« Voilà déjà dix-huit siècles que dure la guerre du peuple d'Israël avec cette *puissance* qui avait été promise à Abraham, mais qui lui avait été ravie par la *Croix*. Foulé aux pieds, humilié par ses ennemis, sans cesse sous la menace de la mort, de la persécution, de rapts et de viols de toute espèce, le peuple d'Israël pourtant n'a point succombé ; et, s'il s'est dispersé sur toute la surface de la terre, c'est que *toute la terre doit lui appartenir*.

« Depuis plusieurs siècles, nos savants luttent courageusement et avec une persévérance que rien ne peut abattre contre la Croix. Notre peuple s'élève graduellement et, chaque jour, sa puissance grandit. À nous appartient ce dieu du jour qu'Aaron nous a élevé au Désert, ce *Veau d'Or*, cette Divinité universelle de l'époque !

« Lors donc que nous nous serons rendus *les uniques possesseurs de tout l'or de la terre*, la vraie puissance passera entre nos mains, et alors s'accompliront les promesses qui ont été faites à Abraham.

« L'or, la plus grande puissance sur la terre, — l'or, qui est la force, la récompense, l'instrument de toute la jouissance, tout ce que homme craint et convoite, — voilà le grand mystère, la profonde science de l'esprit qui régit le monde ! Voilà l'avenir !...

« Dix-huit siècles ont appartenu à nos ennemis, mais le siècle actuel et les siècles futurs *doivent nous appartenir* à nous, peuple d'Israël, et *nous appartiendront sûrement.*

« Voici la dixième fois, depuis mille ans de lutte atroce et incessante avec nos ennemis, que se réunissent dans ce cimetière, auprès de la tombe de notre grand maître Caleb, saint rabbin Syméon-ben-Ihuda, les élus de chaque génération du peuple d'Israël, afin de se concerter sur les moyens de tirer avantage, pour notre cause, des grandes fautes et péchés que ne cessent de commettre nos ennemis, les Chrétiens.

« Chaque fois, le nouveau Sanhédrin a proclamé et prêché la lutte sans merci avec ces ennemis. Mais, dans nul des précédents siècles, nos ancêtres n'étaient parvenus à concentrer entre nos mains autant d'or, - conséquemment de puissance, - que ce que le XIXe siècle nous en a départi. Nous pouvons donc nous flatter, sans téméraire illusion, d'atteindre bientôt notre but, et porter un regard assuré sur notre avenir.

« Les temps des persécutions et les humiliations, — ces temps sombres et douloureux que le peuple d'Israël a supportés avec une si héroïque patience, — sont fort heureusement passés pour nous, grâce au progrès de la civilisation chez les Chrétiens, et ce progrès est le meilleur bouclier derrière lequel nous puissions nous abriter et agir, pour franchir d'un pas rapide et ferme l'espace qui nous sépare encore de *notre but suprême*.

« Jetons seulement les yeux sur l'état matériel de l'Europe, et analysons les ressources que se sont procurées les Israélites depuis le commencement du siècle actuel, par le seul fait de la concentration entre leurs mains des immenses capitaux dont ils disposent en ce moment. Ainsi, à Paris, à Londres, à Vienne, à Berlin, à Amsterdam, à Hambourg, à Rome, à Naples, etc., et chez tous les Rothschild, partout, les Israélites sont *maîtres de la situation financière*, par la possession de plusieurs milliards ; - sans compter que, dans chaque localité de second et troisième ordre, ce sont eux encore qui sont les détenteurs des fonds en circulation, et que *partout*, sans les fils d'Israël, sans leur influence immédiate, *aucune opération financière, aucun travail important*, ne peuvent s'exécuter.

« Aujourd'hui, tous les empereurs, rois et princes régnants sont obérés de dettes, contractées pour l'entretien d'armées nombreuses et permanentes, afin de soutenir leurs trônes chancelants. La Bourse cote et règle ces dettes, et *nous sommes en grande partie maîtres de la Bourse sur presque toutes les places*. C'est donc à faciliter encore, de plus en plus, les emprunts qu'il faut nous étudier, afin de nous rendre seuls régulateurs de toutes les valeurs et, autant que faire se pourra, prendre en nantissement des capitaux que nous fournissons aux pays, l'exploitation de leurs lignes de fer, de leurs mines, de leurs forêts, de leurs grandes forges et fabriques, ainsi que d'autres immeubles, voire même l'administration des impôts.

« *L'agriculture restera toujours la grande richesse de chaque pays*. La possession des grandes propriétés territoriales vaudra toujours des honneurs et une grande influence aux titulaires. Il suit de là que nos efforts doivent tendre aussi à ce que nos frères en Israël fassent *d'importantes acquisitions territoriales*. Nous devons donc pousser autant que possible au *fractionnement de ces grandes propriétés*, afin de nous en rendre l'acquisition plus prompte et plus facile.

« Sous le *prétexte* de venir en aide aux classes travailleuses, il faut faire supporter aux grands possesseurs de la terre tout le poids des impôts, et lorsque les propriétés auront passé dans nos mains, *tout* le travail des journaliers et prolétaires chrétiens deviendra pour nous *la source d'immenses bénéfices*.

« La pauvreté c'est l'esclavage, a dit un poète. Le prolétariat est le très humble serviteur de la spéculation. Mais l'oppression et l'influence sont les très humbles servantes de l'esprit qu'inspire et stimule la ruse. Et qui donc pourrait refuser aux enfants d'Israël l'esprit, la prudence et la perspicacité ? »

« Notre peuple est ambitieux, orgueilleux et avide de jouissance. Où il y a de la lumière, il y a aussi de l'ombre, et ce n'est pas sans raison que « *notre Dieu a donné à son peuple choisi* » la vitalité du serpent, la ruse du renard, le coup d'œil du faucon, la mémoire du chien, la solidarité et l'instinct d'association des castors.

« Nous avons gémi dans l'esclavage de Babylone, et nous sommes devenus puissants !

« Nos temples ont été détruits, et nous avons relevé des milliers de temples à leur place !

« Dix-huit siècles durant, nous fûmes esclaves, et dans le siècle présent nous nous sommes relevés et placés au dessus de tous les autres peuples !

« On dit que nombre de nos frères en Israël se convertissent et acceptent le baptême chrétien... Qu'importe !... Les *baptisés* peuvent *nous servir parfaitement* ; ils peuvent devenir pour nous des auxiliaires pour marcher vers de nouveaux horizons, qui nous sont encore actuellement inconnus ; car les *néophytes* tiennent toujours à nous, et, malgré le baptême de leur corps, leur esprit et leurs âmes restent toujours fidèles à Israël. D'ici un siècle au plus, ce ne seront plus les enfants d'Israël qui voudront se faire Chrétiens, mais bien les Chrétiens qui se rangeront à notre sainte foi, mais alors Israël *les repoussera avec mépris* !

« L'Église chrétienne étant un de nos plus dangereux ennemis, nous devons travailler avec persévérance à amoindrir son influence. Il faut donc greffer, autant que possible, dans les intelligences de ceux qui professent la religion chrétienne, les idées de libre pensée, de scepticisme, de schisme, et provoquer les disputes religieuses, si naturellement fécondes en divisions et en sectes dans le christianisme. Logiquement, il faut commencer par déprécier les ministres de cette religion ; déclarons-leur une guerre ouverte, provoquons les soupçons sur leur dévotion, sur leur conduite privée, et, par le ridicule et le persiflage, nous aurons raison de la considération attachée à l'état et à l'habit.

« L'Église a pour ennemie naturelle la lumière, qui est le résultat de l'instruction, effet naturel de la propagation multiple des écoles. Attachons-nous à gagner de l'influence sur les jeunes élèves. L'idée du progrès a pour conséquence l'égalité de toutes les religions, laquelle à son tour conduit à la suppression, dans les programmes des études, des leçons de religion chrétienne. Les Israélites, par adresse et science, obtiendront sans difficulté les chaires et les places de professeurs dans les écoles chrétiennes. Par là, l'éducation religieuse restera reléguée dans la famille, et comme, dans la plupart des familles, le temps manque pour surveiller cette branche d'enseignement, l'esprit religieux s'amoindrira par degré et, peu à peu, disparaîtra complètement.

« Chaque guerre, chaque révolution, chaque ébranlement politique ou religieux arrivé dans le monde chrétien, rapprochent le moment où nous atteindrons le but suprême vers lequel nous tendons.

« Le commerce et la spéculation, deux branches fécondes en gros bénéfices, ne doivent jamais sortir des mains des Israélites. Et d'abord il faut *accaparer le commerce de l'alcool, du beurre, du pain et du vin, car par là nous nous rendrons maîtres absolus de toute l'agriculture et en général de toute l'économie rurale*. Nous serons les dispensateurs du grain à tous, mais s'il survenait quelques mécontentements produits par la misère chez les prolétaires, il nous sera toujours facile d'en rejeter la responsabilité sur les gouvernements.

« Tous les emplois publics doivent être accessibles aux Israélites, et, une fois devenus titulaires, nous saurons, par l'obséquiosité et par la perspicacité de nos *facteurs*, pénétrer jusqu'à la première source de la véritable influence et du véritable pouvoir. Il est entendu qu'il ne s'agit ici que de ces emplois auxquels sont attachés les honneurs, le pouvoir et les privilèges ; car, pour ceux qui exigent le savoir, le travail et la peine, ils peuvent et doivent être abandonnés aux Chrétiens. La magistrature est pour nous une institution de première importance. La carrière du barreau développe le plus la faculté de civilisation et initie le plus aux affaires de nos ennemis naturels les Chrétiens, et c'est par là que nous pouvons les réduire à notre merci. Pourquoi les Israélites ne deviendraient-ils pas ministres de l'instruction publique, quand ils ont si souvent eu le portefeuille des finances ? Les Israélites doivent aussi aspirer au rang de législateurs, en vue de travailler à l'abrogation des lois faites par les *Goïms* (infidèles pêcheurs) contre les enfants d'Israël, les seuls vrais fidèles par leur invariable attachement aux saintes lois d'Abraham.

« Du reste, sur ce point, notre plan touche à la plus complète réalisation ; car le progrès nous a presque partout reconnu et accordé les mêmes droits de cité qu'aux Chrétiens ; mais ce qu'il importe d'obtenir, ce qui doit être l'objet de nos incessants efforts, c'est une loi moins sévère sur la *banqueroute*. Nous en ferons pour nous une mine d'or bien plus riche que ne furent jadis les mines de Californie.

« Le peuple d'Israël doit diriger son ambition vers ce haut degré de pouvoir d'où découlent la considération et les honneurs. Le moyen le plus efficace d'y parvenir est d'avoir la haute main sur toutes les associations industrielles, financières et commerciales, en se gardant de tout piège et de toute séduction qui pourrait l'exposer au danger de poursuites judiciaires devant les tribunaux du pays. Il apportera donc, dans le choix de ces sortes de spéculations, la prudence et le tact, qui sont le propre de son aptitude congénitale pour les affaires. Nous ne devons être étrangers à rien de ce qui conquiert une place distinguée dans la société : philosophie, médecine, droit, musique, économie politique, en un mot, toutes les branches de la science, de l'art et de la littérature sont un vaste champ où les succès doivent nous faire la part large et mettre en relief notre aptitude. Ces vocations sont inséparables de la spéculation. Ainsi, la production d'une composition musicale, ne fût-elle que très médiocre, fournira aux nôtres une raison plausible d'élever sur un piédestal et d'entourer d'une auréole l'Israélite qui en sera l'auteur. Quant aux sciences, médecine et philosophie, elles doivent faire également partie de notre domaine intellectuel. Un médecin est initié aux plus intimes secrets de la famille, et a, comme tel, entre ses mains la santé et la vie de nos mortels ennemis, les Chrétiens.

« Nous devons encourager les alliances matrimoniales entre Israélites et Chrétiens. Car le peuple d'Israël, sans risquer de perdre à ce contrat, ne peut que profiter de ces alliances. L'introduction d'une minime quantité de sang impur dans notre race, élue par Dieu ne saurait la corrompre ; et nos fils et nos filles fourniront, par ces mariages, des alliances avec les familles chrétiennes en possession de quelque ascendant et pouvoir. En échange de l'argent que nous donnerons, il est juste que nous en obtenions l'équivalent en influence sur tout ce qui nous entoure. La parenté avec les Chrétiens n'emporte pas une déviation de la voie que nous nous sommes tracée ; au contraire, avec un peu d'adresse, elle nous rendra en quelque sorte les arbitres de leur destinée. Il serait désirable que les Israélites s'abstinssent d'avoir pour *maîtresses* des femmes de notre sainte religion et qu'ils les choisissent pour ce rôle *parmi les vierges chrétiennes*. Remplacer le sacrement du mariage à l'Église par un simple contrat devant une autorité civile quelconque, serait pour nous d'une très grande importance, car alors les femmes chrétiennes afflueraient dans notre camp.

« Si l'Or est la première puissance de ce monde, la seconde est sans contredit la Presse.

« Mais que peut la seconde sans la première ?... Comme nous ne pouvons réaliser tout ce qui a été dit et projeté plus haut sans le secours de la Presse, il faut que les nôtres président à la direction de tous les journaux quotidiens, dans chaque pays. La possession de l'or, l'habileté dans le choix et l'emploi des moyens d'assouplissement des capacités vénales, nous rendront les arbitres de l'opinion publique et nous donneront l'empire sur les masses.

« En marchant ainsi, pas à pas, dans cette voie, et avec la persévérance qui est notre grande vertu, nous repousserons les Chrétiens et rendrons nulle leur influence. Nous dicterons au monde ce en quoi il doit avoir foi, ce qu'il doit honorer et ce qu'il doit maudire. Peut-être quelques individualités s'élèveront elles contre nous et nous lanceront-elles l'injure et l'anathème, mais les masses dociles et ignorantes nous écouteront et prendront notre parti. Une fois maîtres absolus de la presse, nous pourrons changer à notre gré les idées sur l'honneur, sur la vertu, sur la droiture du caractère, et porter la première atteinte et le premier coup à cette institution, *sacro-sainte* jusqu'à présent, *la famille*, et en consommer la dissolution. Nous pourrons extirper la croyance et la foi dans tout ce que nos ennemis, les Chrétiens, ont jusqu'à ce moment vénéré, et, nous faisant une arme de l'entraînement des passions, nous déclarerons une guerre ouverte à tout ce qu'on respecte et vénère encore.

« Que tout soit compris, noté, et que chaque enfant d'Israël se pénètre de ces vrais principes. Alors notre puissance croîtra comme un arbre gigantesque, dont les branches porteront des fruits qui se nomment *richesse*, *jouissance*, *bonheur*, *pouvoir*, en compensation de cette condition hideuse qui, pendant de longs siècles, a été l'unique lot du peuple d'Israël !

« Lorsqu'un des nôtres fait un pas en avant, que l'autre le suive de près ; que, si le pied lui glisse, il soit secouru et relevé par ses coreligionnaires. Si un Israélite est cité devant les tribunaux du pays qu'il habite, que ses frères en religion s'empressent à lui donner aide et assistance, mais seulement lorsque le prévenu aura agi conformément aux lois qu'Israël observe strictement et garde depuis tant de siècles.

« Notre peuple est conservateur, fidèle aux cérémonies religieuses et aux usages que nous ont légués nos ancêtres. Notre intérêt exige qu'au moins nous simulions le zèle pour les questions sociales qui sont à l'ordre du jour, celles surtout qui ont trait à l'amélioration du sort des travailleurs ; mais en réalité nos efforts doivent tendre à nous emparer de ce mouvement de l'opinion publique et à le diriger sur les questions publiques. L'aveuglement des masses, leur propension à se livrer à l'éloquence, aussi vide que sonore, dont retentissent les carrefours, en font une proie facile et un docile instrument de popularité et de crédit. Nous trouverons sans difficulté parmi les nôtres *l'expression de sentiments factices* et autant d'éloquence que les Chrétiens sincères en trouvent dans leur enthousiasme.

« Il faut autant que possible entretenir le prolétariat, le soumettre à ceux qui ont le maniement de l'argent. Par ce moyen, nous soulèverons les masses, quand nous le voudrons ; nous les pousserons aux bouleversements, aux révolutions, et chacune de ces catastrophes avance d'un grand pas nos intérêts intimes et nous rapproche rapidement de notre unique but : celui de RÉGNER SUR LA TERRE, comme cela a été promis à notre père Abraham. »

II

Toussenel et *Les Juifs, Rois de l'Époque*. — Eux, peuple de Dieu !... — Allons donc !... — Tas de farceurs, de ... grugeurs. — Tacite, Bossuet, Voltaire, Fourier, unanimes à ce sujet. — Les Juifs, raffineurs en fraude commerciale, voilà où ils excellent. — La Prusse et la Russie en savent quelque chose. — Napoléon Ier l'avait bien senti, dès 1805 ; et cependant !... — Trafic et usure, métier exclusif des Juifs. — Ils n'emploient leurs dix doigts qu'à manier et pressurer l'argent. — Monopoleurs et accapareurs, parasites et vrais vautours, tels sont les fils non dégénérés des pharisiens et des scribes d'Israël.

Un éminent publiciste, Toussenel[2], dans un ouvrage intitulé *Les Juifs rois de l'Époque*, publié à Paris vers la fin de la première moitié de ce siècle, parle en ces termes de *ce grand peuple choisi par Dieu*, nom que les Juifs se sont attribué en tous temps et qu'ils s'adjugent encore :

« Je ne décerne pas le titre de grand peuple à une horde d'usuriers et de lépreux, à charge à toute l'humanité depuis le commencement des siècles, et qui traîne par tout le globe sa haine des autres peuples et son incorrigible orgueil.

« Race toujours vaincue, châtiée, asservie, toujours regrettant l'esclavage et les oignons d'Egypte, et toujours prête à retourner au culte du Veau d'Or, malgré les signes de la colère de Dieu !

« Demandez un peu à ces Juifs, qui gagnent avec nous des centaines de millions en un an, s'ils tiennent excessivement à revoir les murs tant pleurés de Sion ?

« Et si le peuple juif était véritablement le Peuple de Dieu, il n'eût pas mis à mort le Fils de Dieu ! Il ne continuerait pas d'exploiter, par

---

2 — A. Toussenel, *Les juifs Rois de l'époque Tome 1 & 2, Histoire de la féodalité financière* ; Gabriel de Gonet, Paris 1847, « Introduction », pp. 2-4. http://www.histoireebook.com/index.php?category/T/Toussenel-Alphonse

le parasitisme et l'usure, tous les travailleurs que le Christ a voulu racheter et qui sont la milice de Dieu ; et Dieu ne l'eût pas marqué du cachet d'anathème, en lui *infligeant la lèpre*, comme il a infligé la ladrerie aux pourceaux.

« De par la charité, la raison et la foi, anathème à toutes les religions impies qui disent Dieu méchant ! Car ces religions-là sont de l'invention des hommes inspirés de l'esprit de Satan, et qui ont fait leur Dieu à leur image ; et l'impiété du dogme peut se mesurer à l'inhumanité de ses sectaires.

« Or, quel peuple a été plus sanguinaire dans ses vengeances, plus persévérant dans sa haine et dans son mépris pour le reste de l'humanité, que le peuple juif ? Où que vive cette race, nous défions qu'on nous la montre occupée à une fonction utile et productive ; occupée à autre chose qu'à gruger et à dépouiller la nation qui l'a reçue, dans son sein » (Autriche, France, Pologne, Prusse, Russie, Roumanie, etc.).

« En dépit donc de tous les philanthropes et des charlatans de libéralisme, nous soutenons que toutes ces nations doivent expier cruellement le tort de leur charité pour le Juif ; charité imprudente, charité déplorable dont les grands penseurs de tous les siècles leur avaient à l'avance signalé les périls ; car *Tacite*, le plus illustre des historiens de l'antiquité, s'élève déjà contre l'indomptable orgueil et l'esprit de fourberie du peuple juif. *Bossuet* ne peut s'empêcher d'écrire « que les Juifs ne sont plus *rien* à la Religion et à Dieu, et qu'il est juste, que leurs ruines soient répandues par la terre, en punition de leur endurcissement ». *Voltaire* tue le Juif sous l'épigramme ; *Fourier* condamne l'admission des Juifs aux droits de cité, en disant :

« Il ne suffit donc pas des civilisés pour assurer le règne de la fourberie ; il fallait encore appeler au secours les nations d'usurier, les patriarcaux improductifs. La nation juive n'est pas civilisée, elle est patriarcale, n'ayant point de souverain, n'en reconnaissant aucun en secret, et croyant toute fourberie louable, quand il s'agit de tromper ceux qui ne pratiquent pas sa religion. Tout gouvernement donc qui tient aux bonnes mœurs devrait y astreindre les Juifs et les obliger au travail productif. Lorsqu'on aura reconnu — et cela ne tardera guère — que la science politique doit s'attacher à réduire le nombre des marchands, pour les amener à la concurrence véridique et solidaire, on aura peine à concevoir l'impéritie de cette philosophie qui appelle à son secours une race tout improductive, mercantile, pour *raffiner les fraudes commerciales* déjà intolérables ».

C'est le profond penseur, dont l'impitoyable logique a donné le coup de grâce au commerce anarchique et dénoncé aux États-Unis, *cinquante ans à l'avance*, l'avènement de la féodalité mercantile et le règne de Judas. - Et remarquez que les gouvernements de Prusse et de Russie (peu suspects d'utopisme) ont été amenés, il y a vingt-cinq ans, par la force des choses, à appliquer à leurs sujets israélites les principes politiques exposés dans les lignes qui précèdent. Ces gouvernements ne voulaient pas d'une *nation à part* dans les nations qu'ils administraient.

Napoléon Ier en 1805, de sa main alors impériale, ajoute l'annotation suivante en marge au, § 12 du projet de réforme relatif à la question juive : « Il faudrait absolument rechercher les moyens de resserrer le plus possible l'*agiotage* pratiqué par les Juifs, pour extirper cette *escroquerie* organisée, ainsi que l'usure exercée par les membres d'une corporation qui, par sa religion, ses mœurs et ses traditions, forme une *nation séparée* au sein de la nation française[3] ».

Voyez les musulmans. Ils n'ont pas, comme nous, à reprocher aux Juifs le supplice de leur Rédempteur ; et cependant aucun peuple chrétien n'a jamais professé pour les Juifs autant de mépris que l'Arabe et le Turc.

Pourquoi cela ?... Parce que le Juif n'a jamais voulu exercer nulle part d'autre métier que *le trafic et l'usure*.

L'Europe est inféodée à la domination d'Israël.

Le Juif a frappé tous les États d'une nouvelle hypothèque, et d'une hypothèque que ces États ne pourront jamais rembourser avec leurs revenus. La domination universelle que tant de conquérants ont rêvée, les Juifs l'ont en leurs mains. Le Dieu de Juda a tenu parole aux-prophètes et donné la victoire aux fils de Machabée. Jérusalem a imposé tribut à tous les empires. La *première part* du revenu public de tous les États, le produit *le plus clair* du travail de tous, passe dans la bourse des Juifs, sous le nom d'*intérêt de la dette nationale*.

Et notez bien que pas un Juif ne fait œuvre utile de ses mains. Il faut donc répéter qu'il n'y a pas d'alliance possible entre cette race-là et nous Chrétiens ; et la preuve en est, que la plupart des Juifs distingués de ce temps abjurent le judaïsme.

Que le peuple juif ait produit de brillantes individualités dans les arts, la poésie, la science, ce fait n'est pas contestable ; mais combien pourrait-on en citer, dans ce nombre d'élite, même si restreint qu'il

---

3 — *Algemeine-Zeitung. Der Juden-thumbs.* 1841, p. 300.

soit, dont le nom et la gloire ne rappellent l'idolâtrie de l'or, innée chez cette race ?... Que le peuple juif ait été doué de puissantes facultés organisatrices, on ne peut le nier davantage ; mais on ne saurait disconvenir que sa responsabilité s'aggrave du faux emploi qu'il a fait de ses facultés supérieures... Les vautours aussi sont de grands oiseaux, et qui planent haut dans les airs ; nous les admirons bien quelquefois dans leur vol ; cela néanmoins n'empêche pas que nous n'éprouvions une répulsion et un dégoût invincibles pour ces déprédateurs immondes qui se repaissent de la chair des cadavres !

Paix aux travailleurs de toutes les nations ! Mais arrière ces parasites, ces usuriers, ces Juifs monopoleurs !... ces enfants d'Israël, fils non dégénérés des pharisiens et des scribes qui mirent en croix le Christ !...

III

Les Juifs peints par l'un deux. — Leurs mystères dévoilés. — Plus de mille ordonnances du *Kahal* et du *Bet-Dine*. — Le vieux Talmud mis au rancart et remplacé, pour les besoins nouveaux, par une doctrine arbitraire et despotique. — Tout pour dominer *per fas et nefas*. — Démonstration par les faits et les documents péremptoires. — Ce qui s'est passé en Russie, en Pologne, en Sibérie, en Roumanie, même en France. — Protestation trop motivée des Roumains et des habitants de Vilna contre les envahissements des Juifs. — En vain a-t-on voulu supprimer le *Kahal* et le *Bet-Dine*.

*É*COUTEZ maintenant Brafmann, un Juif converti. Voici comment il parle de ses anciens coreligionnaires, dans son *Livre sur le Kahal*, que nous avons mentionné plus haut :

« Né et élevé dans la religion israélite, que j'ai pratiquée jusqu'à la 34ᵉ année de ma vie, j'étais suffisamment initié dans la connaissance des sources où j'avais à puiser pour exécuter les ordres du *Synode* de Saint-Pétersbourg ayant pour objet de *rechercher les moyens à employer pour paralyser l'influence constante et active des Juifs sur ceux de leurs coreligionnaires qui auraient l'intention de se faire Chrétiens.*

« Les relations d'intimité que j'ai conservées parmi mes anciens coreligionnaires m'ont facilité la coordination d'importants documents qui, dans le *Livre sur le Kahal*, que je publie, jettent une vive clarté sur la situation et les tendances des Juifs en général.

« Ces documents ainsi colligés et consistant en lettres, notices, actes, correspondances, dispositions, etc. sont de nature à lever le voile et le mystère qui cachent l'organisation intérieure de la société juive, font de sa raison d'être une énigme, et permettent, bien plus que toutes les recherches faites jusqu'à ce moment, de pénétrer les moyens secrets auxquels ils recourent pour s'assurer l'existence, aussi bien que la position influente qu'ils prétendent occuper en Europe et dans le monde entier.

« La plus importante partie de ces documents, absolument ignorés du public, se compose de plus de mille ordonnances du *Kahal*, c'est-à-dire du gouvernement administratif des Juifs, et du *Bet-Dine*, tribunal judiciaire introduit par le Talmud, deux autorités auxquelles les Juifs sont soumis et dont ils exécutent en aveugle les prescriptions.

« L'importance et la signification de ces documents ne vont à rien moins qu'à démontrer clairement les moyens pratiques qu'emploient pour vivre les Juifs, et combien ces moyens s'éloignent de la théorie développée dans le Talmud, théorie qui a formé l'ancienne société juive et qui est compréhensible pour ceux-là seuls qui ont été élevés dans la Synagogue.

« Ainsi le Talmud ne marque pas nettement la part d'autorité attribuée au *Kahal* et au *Bet-Dine* dans la réglementation de la vie des Juifs. La doctrine ou théorie qui règle la conduite des Juifs d'aujourd'hui est une théorie toute nouvelle, composée capricieusement, sans base, ni traditionnelle ni écrite, et on verra, dans les documents dont il est question, de quelle manière le *Kahal* a compris et réglé cette conduite de la vie pratique. Les documents classés sous les nos 16, 64, 131, 158 que nous donnons au chapitre IV méritent une attention particulière, car ils établissent :

« 1° Que le despotisme du *Kahal* défend aux Juifs d'inviter qui que ce soit à leurs fêtes de famille, comme de préparer leur nourriture et leur boisson sans une autorisation expresse ;

« 2° Qu'à cette question : Quel caractère revêtent aux yeux des Juifs les lois du pays dans lequel ils vivent ? le Talmud répond : ici, *Dine demalhute Dine* (que les lois de César doivent être celles des Juifs) ; là, que les lois de César n'obligent les Juifs qu'en ce qui touche personnellement César, mais que celles qui régissent le pays dont César est le chef ne sont pas pour eux obligatoires, comme par exemple les jugements rendus par les tribunaux judiciaires et administratifs, qui, sous aucun prétexte, ne peuvent contraindre les Juifs habitant ce pays. Ailleurs, le Talmud résout la question dans un sens exclusif, pour ainsi dire, des deux solutions citées plus haut, et dit : *Rabanon mikve malke* (Les Rabbins sont des Césars). Ces différents textes du Talmud peuvent être, et sont souvent aussi différemment interprétés. Ainsi, étant admise l'interprétation qu'en fait le *Kahal*, il s'ensuivait que les Juifs, remplissant les fonctions, de juge dans les tribunaux des pays qu'ils habitent, ne forment pas leur opinion d'après le texte des codes, soit civils soit criminels, qui font loi dans le pays, et ne rendent pas leur verdict selon la lettre de ces codes, mais doivent simplement se conformer aux prescriptions du *Kahal*, et selon l'opinion que le *Kahal* et le *Bet-Dine* se sont formée d'avance dans chaque affaire.

« 3° Sur cette autre question : Comment les Juifs doivent-ils considérer la propriété immobilière et mobilière appartenant à ceux qui ne sont pas de leur religion ? le Talmud répond d'une manière si intelligible, et en mêlant, pour ainsi dire, le noir avec le blanc, que tout Juif peut traduire cette réponse comme il l'entend, et s'attribuer ainsi le droit d'induire en erreur et de tromper tout individu qui n'est pas des siens.

« Dans les actes et documents cités du *Livre sur le Kahal*, on verra que le *Kahal*, dans chaque district qu'il gouverne despotiquement, vend aux Juifs *Hazaka* et *Meropiié*, c'est-à-dire le *droit d'exploiter* non seulement la propriété immobilière et mobilière appartenant à des individus qui ne sont pas des Juifs, mais encore les personnes elles-mêmes. »

En un mot, les documents cités dans le *Livre sur le Kahal* (et dont nous donnons des extraits, traduits *parte in qua*) démontrent que le *Kahal* et le *Bet-Dine*, qui depuis longtemps règlent sans contrôle la vie personnelle et publique des Juifs, ne suivent guère les prescriptions du Talmud ; et que les ordonnances rendues par ces deux autorités juives et confirmées par *Herem*[4] (serment ou anathème) sont observées plus strictement par les Juifs que les lois écrites dans le Talmud. Ils dévoileront au grand jour les secrets mobiles de la vie intérieure des Juifs, ils montreront jusqu'à l'évidence par quels moyens et par quels chemins détournés les Juifs, qui, anciennement, n'étaient point admis à la jouissance des droits civils dans la plupart des pays de l'Europe, sont cependant parvenus, dans beaucoup de contrées, à supplanter dans les affaires l'élément étranger à leur religion, à amasser de grands capitaux, à hypothéquer à leur avantage toutes les propriétés immobilières, et à se rendre maîtres du commerce et de l'industrie, exercés d'abord par les indigènes ; comment enfin cela s'est accompli et s'accomplit journellement dans les provinces occidentales et méridionales de la Russie, dans le royaume de Pologne, en Sibérie, en Roumanie, et même, au commencement de ce siècle, dans quelques départements de la France (lettre de Napoléon Ier à Champagny, en date du 29 novembre 1806), où, malgré la minorité de la population juive, qui

---

4 — (*note de Lenculus*). On pourra prendre connaissance de l'ouvrage M. Boyer Jean ; *Les pires ennemis de nos peuples* 1979 ; sur le site : http://www.histoireebook.com/index.php?category/B/Boyer-Jean

ne dépassait pas 60 000 âmes, une notable partie des propriétés immobilières et mobilières, appartenant aux Chrétiens, sont passées dans les mains des Juifs, qui jouissaient déjà à cette époque des droits civils.

« La meilleure preuve que les Juifs poursuivent depuis longtemps leur but, sans que nul insuccès les décourage, c'est la protestation récente des habitants de Roumanie ; protestation qui renferme les mêmes griefs que ceux formulés déjà dans les plaintes adressées aux autorités de Vilna, en 1865, par les habitants chrétiens (*Recueil des lois* par Dubenski, page 222.). Et voilà pourquoi dans plusieurs pays d'Europe, tantôt on donnait, tantôt on reprenait les droits civils accordés aux Juifs, afin d'échapper à leur pernicieuse influence, à leur envahissement intolérable de toutes les branches du commerce, de l'industrie, de la propriété immobilière et mobilière.

« Enfin, les documents dont nous parlons font voir pourquoi les efforts tentés et les capitaux sacrifiés au XIXe siècle par plusieurs gouvernements d'Europe, pour transformer le caractère juif et pour soustraire à leur parasitisme mortel peuples et pays, ont été infructueux. La publicité donnée à ces documents et les réflexions qu'ils inspirent ont cependant suggéré, en 1871, aux autorités civiles des provinces du nord de la Russie, la mesure de suppression des institutions juives du *Kahal* et du *Bet-Dine*.

« L'authenticité de ces documents est constatée par l'ancienneté du papier sur lequel ils sont écrits ; par l'uniformité d'écriture du notaire qui les a rédigés ; par les signes d'eau sur le papier qui marquent les lettres B. O. F. E. B. ; enfin par plusieurs signatures qui sont tout à fait identiques sur les documents de dates différentes. - Toutes les ordonnances du *Kahal* datent de 1794 jusqu'à 1833 et sont classées, dans le *Livre sur le Kahal*, chronologiquement, parfaitement conformes aux originaux.

« Un examen attentif et minutieux de ces questions et réponses, concernant le règlement de la vie des Juifs, conduira à cette conclusion, que le principal but de ces règlements, aussi bien que des actes qui en ont été la conséquence, était *d'acquérir le plus d'influence possible sur les Juifs et les Chrétiens* ! ».

IV

Documents servant de preuves à l'appui de tout ce qui précède.

Voici maintenant les actes et documents si importants que nous avons annoncés et dont nous venons de montrer la grave signification. Ils sont classés, dans le *Livre sur le Kahal*, sous les n°ˢ 16, 64, 131 et 158.

N° 16.

Sur les règles concernant les invitations aux fêtes de famille.

A la fête donnée à l'occasion de la circoncision du nouveau-né, peuvent être invités :

1° Les membres de la famille, jusqu'à la seconde génération inclusivement.
2° Les parents directs, c'est-à-dire les pères et les mères du père et de la mère du nouveau-né, sont tenus d'assister à la fête.
3° Le Gevater-Sandeke (personnage respectable qui, pendant la cérémonie de la circoncision, tient l'enfant sur ses genoux).
4° Les trois opérateurs, Mogel, Forca et Macice.
5° Celui qui récite la prière sur la coupe après l'opération.
6° Cinq amis intimes et le Melamed.
7° Deux voisins de droite et deux de gauche demeurant du même côté de la rue, ainsi que trois voisins habitant du côté opposé de la rue, juste en face.
8° Les locataires des appartements privés, des magasins ou boutiques peuvent aussi être invités par les propriétaires de ces appartements, magasins ou boutiques.
9° L'associé de la boutique ; les employés et ouvriers à l'année, le barbier et le tailleur de la maison.
10° Les chefs de la corporation juive de la ville, ainsi que les employés juifs de la municipalité.

11° Un membre d'une confrérie quelconque a le droit d'inviter le chef de cette confrérie.

12° Les serviteurs de la synagogue, s'ils possèdent le certificat du *Kahal* attestant leurs fonctions.

Pour les fêtes données à l'occasion des mariages, les invitations peuvent être les mêmes qu'aux fêtes données à l'occasion de la circoncision, et en outre dix amis intimes du nouveau marié et les demoiselles d'honneur de la mariée.

Dans les fêtes données à l'occasion de la noce ou de la circoncision par les pauvres qui ne peuvent les exécuter qu'à l'aide d'une cotisation de leurs coreligionnaires riches, on n'est pas tenu d'observer les prescriptions ci-dessus citées.

Il est défendu, sous des peines mentionnées et expliquées par le *Herem* (anathème), de danser le jour du Sabbat qui suit le jour du mariage.

Il n'est permis de fêter le nouveau marié qu'à la suite d'une invitation solennelle.

L'habitant juif de la ville qui marie son fils ou sa fille dans une autre localité, et organise la fête des noces en dehors de la ville, ne peut inviter personne de la ville qu'il habite, et il est défendu aux habitants de cette ville d'envoyer aux nouveaux mariés Droche-Geschenk (cadeaux de noces).

Sous pénalité prévue par le *Herem* (anathème), il est défendu aux Chamochins (serviteurs de la synagogue) d'inviter, aux fêtes données à l'occasion des noces ou de la circoncision, d'autres personnes que celles inscrites dans le registre paraphé et signé par Schade-Mechamoche-Hakhil (un des notaires juifs de la ville), qui doit certifier que le registre a été composé conformément aux prescriptions du *Kahal*.

Il est défendu aussi à celui qui donne la fête d'inviter d'autres personnes que celles qui ont été inscrites sur le registre : comme aussi il est expressément défendu à toute personne de religion israélite de se rendre aux fêtes données par leur coreligionnaire, si elle n'est pas invitée et appelée par Chamochin.

L'infraction à toutes les prescriptions ci-dessus citées sera considérée à l'égal du parjure. *Sur celui qui commettra cette infraction, tomberont de grandes punitions, amendes d'argent, auxquelles rien ne pourra le soustraire. Ni sa considération, ni celle de sa famille, ni aucune autre exemption n'auront de valeur. Tandis que ceux qui se soumettront à ces prescriptions, la joie et tous les agréments les accompagneront toujours, et ils seront bénis. Qu'ils se réjouissent aux fêtes données par leurs fils, petits-fils, et les petits-fils de leurs petits-fils.*

Paix à Israël ! que la volonté de Dieu s'accomplisse !

N° 64.

Règles à suivre par ceux qui veulent donner des bals.

(Ce document est écrit en entier dans le jargon juif, afin que la basse classe de la population juive, qui ne comprend pas l'hébreu, puisse en saisir la pensée et le sens.)

Le lundi, veille du Ier du mois Sivon 5559, la proclamation suivante a été faite dans toutes les synagogues :

Écoute, Peuple d'Israël ! Tes chefs et élus, s'étant concertés avec le président du *Bet-Dine*, arrêtent ce qui suit :

1° A partir du présent jour, il n'est permis, à qui donne une fête à l'occasion de la noce ou de la circoncision, d'offrir à ses invités, ni pain d'épice, ni eau-de-vie, mais seulement des plats de viande. Aux pauvres cependant, si le *Kahal* en accorde une autorisation expresse, il est permis d'offrir des pains d'épice et de l'eau-de-vie, en se conformant toutefois aux prescriptions relatives aux invitations.

2° Sous les peines portées et expliquées par le *Herem*, il est défendu aux hommes ainsi qu'aux femmes, pendant les félicitations du Chaloïm Zahor (la naissance d'un fils), le premier samedi après les couches, de goûter de l'eau-de-vie, des pains d'épice, des confitures, des gâteaux et autres délicatesses ; et il est également interdit aux femmes de goûter de toutes ces délicatesses à l'occasion des félicitations sur la naissance d'une fille. Exception est faite cependant en faveur des plus proches cousines. Il est défendu aussi aux visiteurs d'emporter avec eux en ville ces friandises. L'envoi au dehors des cadeaux composés de pareilles choses, par ceux qui donnent la fête, est également interdit.

3° Il est défendu de donner des fêtes dans la semaine qui précède celle dans laquelle a lieu la cérémonie de la circoncision, ainsi que dans celle qui la suit. La veille de la cérémonie, on peut fêter et recevoir les pauvres et, excepté les Savars[5], personne ne doit toucher ni goûter d'aucun mets.

---

5 — *Savars* (ordonnateurs de la fête). Les fêtes, chez les Juifs, ont un aspect original. Chaque invité reçoit une portion de chaque plat ; la fonction de ces *Savars* se réduit à partager et à distribuer des portions plus grandes

4° Il est défendu, le jour de la circoncision, d'inviter à dîner d'autres personnes que la marraine, la sage-femme, la mère de l'accouchée et la mère de son mari, ainsi que la mère de la marraine si cette dernière est demoiselle et a été déjà fiancée.

5° Il est défendu de fêter quelqu'un le jour où la sage-femme quitte la maison ; ces invitations sont réservées pour le jour de la cérémonie.

6° Pour la fête donnée à l'occasion de la circoncision, on ne peut inviter d'autres personnes que celles indiquées par les articles 1, 2, 3, 5 du document (classé sous le n° 16) et trois Savars.

7° Pour la fête donnée à l'occasion de la noce, les mêmes personnes peuvent être invitées et de plus un Savar et les demoiselles d'honneur.

8° Le chef de la population juive en ville peut aussi inviter de sa part quelques-uns des chefs de confréries.

9° Les membres invités appartenant à la confrérie des funérailles peuvent inviter le chef de cette confrérie.

10° Le fiancé qui arrive d'une autre localité, pour épouser en ville, peut inviter celui chez lequel il a logé avant la cérémonie du mariage.

11° Les fonctionnaires suivants de la synagogue peuvent être invités : le rabbin de la ville ; le chantre avec les chœurs ; celui qui récite les psaumes ; le prédicateur de la sainte confrérie des funérailles et le Schulkempler[6]. Quant aux autres serviteurs de la synagogue, on doit leur donner le *pourboire*, mais il est défendu de les inviter.

12° Sous les peines portées et expliquées dans le *Herem*, il est défendu aux habitants de la ville de célébrer là noce en dehors de la ville, sans une expresse autorisation du *Kahal*, que la fiancée soit demoiselle, veuve ou divorcée. Et ceux qui obtiendront cette autorisation ne pourront pas quitter la ville avant d'avoir payé préalablement le Rahasch (impôt) égal à celui que les nouveaux mariés sont obligés d'acquitter lorsqu'ils se marient en ville.

13° Il est défendu de donner plus d'une fête, avant et après le ma-

---

et plus grosses aux invités qui jouissent d'une plus grande considération parmi les Juifs, soit par leurs emplois, sois par leurs places honorifiques ou par leur fortune.

6 — *Schulkempler* : celui qui appelle les Juifs à la synagogue, les jours ordinaires en frappant avec un marteau de bois aux volets des habitations juives, — et les jours de fêtes en criant à haute voir dans les rues : *In-schul-arein* (enfants d'Israël, à la synagogue).

riage, soit de la part du mari, soit de la part de la femme.

14° Il est défendu d'avoir à la fête plus de trois musiciens, sauf le Beidhan (improvisateur).

15° Il est défendu de donner à manger aux musiciens plus de trois fois par jour.

16° Pour le dîner qui a lieu pendant qu'on habille la nouvelle mariée, il est permis d'inviter des jeunes gens des deux sexes.

17° Il est défendu pour le festin de noce d'offrir un déjeuner composé d'une tourte aux confitures.

18° Le chef de la confrérie Schiva-Kirneim (bienfaisance) peut aussi être invité.

N° 131.

Les prescriptions relatives aux festins.

Samedi, 18 Sivon 5559. Si ceux qui président aux fêtes données à l'occasion de la circoncision sont pauvres, ils doivent néanmoins inviter dix personnes, parmi lesquelles doivent être le chantre et un serviteur de la synagogue, A ceux qui ne se conformeraient pas à ces prescriptions, le chantre ne devra pas réciter la prière de Govahman, qui est toujours récitée pendant la cérémonie et le mari de l'accouchée ne sera pas appelé à la Fova (morceau de parchemin où sont écrits différents psaumes) comme il est d'usage de le faire.

N° 158.

Sur le choix du personnel d'un comité.

Samedi, 21 Tevese 5562. Les représentants du *Kahal* ainsi que les membres de la réunion générale ont décidé de choisir parmi eux quelques personnes dont le devoir sera d'élaborer des lois, relativement aux fêtes que les Juifs ont l'habitude de donner à l'occasion des cérémonies de noces et de circoncision. Par conséquent ont été élus Rabbi *Moïse*, fils d'Ezéchiel ; Rabbi Eléazar, fils de Jacob ; Rabbi David, fils de Ségula.

Les prescriptions et règles, élaborées par ces trois élus, seront présentées à la confirmation de la réunion générale et acquerront dès lors force de loi.

V

Les facteurs juifs, agents commissionnés par le *Kahal*. — Agents de surveillance et agents de corruption. — Ils sont toujours partout, et rien ne leur échappe. — Agents de la basoche. — Salaires d'entremetteurs. — Le rapport au *Kahal*. — Juifs et *Goïms*. — Juifs et Juifs. — Juifs et *Kahal*. — *Kahal* et *Goïms*. — Les dons et l'argent : arme de prédilection, talisman irrésistible. — La pièce : *un mot au Ministre*. — Comment procède le *Kahal*. — La commission d'enquête de l'Empereur de Russie. — Comment elle fut paralysée. — La cotisation juive, d'un million de roubles d'argent. — L'ultima ratio du poison. — Le tentateur repoussé. — Temporisation de l'Empereur. — Le directeur général Spiranski. — Le ministre Koczubéi. — Le serpent Péretz. — Ukase de réforme rengainé et statu quo maintenu. — Le tour est joué : Vivat Mascarillus !... — Les paysans russes continueront à être intoxiqués à bons deniers comptants.

Nous devons expliquer ici ce que sont les agents, facteurs ou commissionnaires, délégués par le Kahal auprès des bureaux de police, administratifs, judiciaires, etc. — l'influence que les facteurs exercent sur l'élément juif et non juif ; — le système employé par le Kahal pour corrompre les employés du gouvernement.

L'agent du Kahal chargé de la surveillance des intérêts des Juifs à la police, et des offres de dons aux employés pour les corrompre, est appelé facteur ou commissionnaire des Juifs.

Ces facteurs sont employés par les Juifs, non seulement dans le commerce, mais dans toutes les branches d'affaires. Ainsi, dans les villes habitées par les Juifs, on rencontre à chaque pas un facteur ; devant les magasins, devant les hôtels, dans la rue, aux bureaux de police, administratifs, judiciaires, et souvent aussi chez les employés de toutes autres administrations publiques.

Tous ces facteurs sont aux aguets de la moindre occasion, pour s'interposer dans chaque négociation et se rendre, pour ainsi dire, indispensables. Ils ont pour double but : leur intérêt privé et personnel, et le bien de la communauté juive en général.

Les facteurs sont répartis en plusieurs classes ou spécialités. Les uns sont uniquement pour le commerce, les autres pour les entreprises de tous genres ; il en est, à part, qui procurent les domestiques, d'autres, qui négocient les mariages ; ceux-ci font leur principale occupation de l'assiduité dans les bureaux administratifs ; ceux-là, pour corrompre les employés de police, pour poursuivre les affaires pendantes devant les tribunaux judiciaires, pour les maisons de banque...

En un mot, chaque branche a ses commissionnaires ou facteurs juifs. Bien entendu, il n'est pas ici question des avocats israélites qui donnent des consultations et qui plaident ; car ceux-là appartiennent au barreau. Nous ne faisons mention que de ces individus qui, n'ayant fait aucune étude spéciale, s'interposent, comme facteurs, dans n'importe quelle affaire ; race qui ne se trouve et qu'on ne rencontre que parmi l'élément juif. Leur occupation principale consiste à rechercher les solliciteurs, à entrer avec eux en pourparlers, à bien se renseigner, et sur l'importance de l'affaire dont ils poursuivent la solution, et sur la valeur du sujet à exploiter ; et, une fois ces renseignements acquis, à faire agréer leur intervention occulte dans la négociation, moyennant rétribution promise, consentie et souvent effectuée, au moins en un acompte.

Il arrive souvent que le facteur, afin de se rendre nécessaire aux deux parties, s'acquitte de son rôle au seul point de vue de son intérêt personnel. L'affaire s'enchevêtre s'il voit son profit dans une complication, afin de se faire payer ses services selon la mesure des difficultés qu'il a souvent fait surgir. Le résultat ne le préoccupe, du reste, qu'autant que satisfaction s'ensuit pour sa conscience, génériquement façonnée, et pour l'influence dont il est l'instrument. - Ainsi, l'affaire se traite-elle entre Juif et *Goïm* ? Ce sera telle solution. Est-ce entre Juif et Juif ?... ce sera telle autre. - Est-ce entre le *Kahal* et un Juif ?... c'est une troisième. - S'agit-il du Kahal et du Goïm ?... C'est un cas exceptionnel, où prévaut l'esprit de caste.

Le but principal de chaque facteur est de noter scrupuleusement par quels moyens il est parvenu à corrompre son *Porric* (employé de police, administratif ou judiciaire), auprès duquel il est intervenu en faveur du solliciteur. Toutes ces notices soigneusement recueillies doivent être déposées au Kahal, et celui-ci est ainsi mis en possession de moyens d'action sur l'employé une fois corrompu, si jamais celui-ci s'avisait de tenter quelque démarche contre les Juifs en général, ou d'amener une décision qui ne fût pas à leur avantage.

Les facteurs mandataires des Juifs ne sont souvent que les exécuteurs du Kahal, dont ils suivent à la lettre les instructions, quand il s'agit d'ordonnances administratives intéressant les corporations israélites. Il en résulte que les intérêts mixtes de quelque importance entre les Juifs et les Goïms, ainsi que les ordonnances de police et d'administration concernant, soit l'universalité, soit simplement un des leurs (lesquelles naturellement ont spécialement en vue l'accomplissement des lois du pays), attirent au plus haut point l'attention du Kahal. Le plus puissant bouclier de leurs intérêts collectifs et individuels est, on le devine, la corruption par les dons et l'argent. C'était, de temps immémorial, leur arme de prédilection, et ils lui doivent plus d'un succès décisif, surtout en Russie et en Pologne.

Ce système de corruption par l'argent des fonctionnaires spécialement préposés à l'exécution des lois du pays est bien plutôt de coutume que de prescription talmudique. La pratique l'a introduit dans les mœurs juives, et c'est à l'aide de ce tribut volontaire et tout aléatoire qu'ils se font une existence à part et en dehors de la législation locale.

De grands miracles se sont opérés et s'opèrent journellement par la puissance irrésistible de ce talisman, tendu pour ainsi dire comme un vaste réseau sur tout un pays par tant de mains habiles et exercées. C'est à l'aide de ce talisman que les Juifs en sont arrivés à frapper d'inertie toutes les mesures imaginées par l'autorité civile et administrative, en différentes contrées, pour protéger la population indigène contre le débordement de l'activité pernicieuse des Juifs. Aussi, dans un très court espace de temps, les Juifs sont-ils parvenus à s'emparer de tous les capitaux, à se créer une position avantageuse sous beaucoup de rapports, et à acquérir une influence décisive sur le travail et sur tous les produits du pays où ils se sont casés.

A l'aide de ce talisman de l'activité du facteur juif et du Kahal, ils écartent, partout où ils se sont implantés, toute concurrence de la part de la population indigène, tant dans le commerce que dans l'industrie et les entreprises de tous genres, voire même dans les métiers qui n'exigent pas un pénible travail, tels que couture, tapisserie, ferblanterie, etc.

Ce talisman, en un mot, est devenu, entre les mains des facteurs juifs[7], la baguette féerique qui changea jadis les mers en déserts de sable et les rochers en sources abondantes ; - avec la différence que cette baguette du législateur du peuple d'Israël est passée aujourd'hui entre les mains du Kahal de chaque localité où il y a une

---

7 — Il faut observer que les facteurs juifs sont de différentes espèces,

population juive et dans celles de la fourmilière des facteurs, qui sont lâchés comme une meute à la piste de toutes les affaires.

Le tableau que nous traçons ici de cet étrange envahissement du parasitisme israélite s'est offert à bien d'autres pinceaux. Le théâtre même s'est quelquefois emparé de ce sujet. Ainsi dans la pièce : *Un mot au ministre*, on voit comment les facteurs juifs s'y prennent partout pour arriver à leurs fins ; de quel prix ils payent le silence, là où un mot d'un homme d'État pourrait nuire à la cause des modernes Israélites.

Mais ce qui n'a pas encore été mis à nu, ce sont les rapports de ces facteurs avec le Kahal. - Dans quelles circonstances et dans quelle proportion les dons sont-ils distribués ? - Quelles sont les sources où le Kahal puise les fonds nécessaires à son action ? - Par quelles mains se fait la distribution ? - D'où émanent les ordonnances qui motivent et règlent ces distributions pour un but de bien commun ? - Enfin à qui incombe la responsabilité de ces actes ? - Est-ce aux rabbins ?... est-ce au Kahal ?...

Toutes ces questions curieuses, et inconnues du public sont parfaitement éclaircies dans le *Livre sur le Kahal*, par les citations de vingt-six actes et documents, conformes aux originaux, que Brafmann a pu se procurer. Nous en avons traduit quatorze des plus importants, qui sont classés dans le livre en question sous les n°s 4, 17, 21, 33, 37, 156, 159, 260, 261, 280, 282, 283, 284, 285, et qu'on va trouver au chapitre VI.

Les cinq derniers documents méritent surtout une attention particulière, comme les plus importants, en ce sens qu'ils initient aux moyens mis en œuvre par les Juifs pour paralyser le travail de la Commission instituée par l'Empereur de Russie avec mission d'étudier la question juive dans ses États. Ces documents sont comme autant de pièces justificatives du *Compte-rendu de Derjawine*, écrivain russe et l'un des membres de cette Commission.

« On a commencé, dit Derjawine [8], pour le compte des Juifs, toutes sortes d'intrigues, de démarches, d'offres séduisantes, pour obtenir qu'on laissât la question juive au point où elle en était au début,

---

en commençant par le faux misérable qui vous observe pour obtenir une commission à la porte d'un hôtel ou d'un restaurant, en passant par un personnage grave que vous rencontrez dans une réunion sérieuse, et en finissant par le facteur élégant en habit noir, gants blancs et bottes vernies, que vous trouvez actuellement presque dans chaque salon.

8 — *Compte-rendu et notices*, de Derjawine. (Moscou, 1860, page 796.)

c'est-à-dire au moment où, par ordre de l'Empereur, la Commission a été instituée. Une lettre saisie sur un Juif de la Russie-Blanche, écrite par un grand rabbin de ce pays-là et adressée à un Juif très influent de Strasbourg, jouissant d'une immense fortune, attestait la puissante organisation du peuple juif et les immenses sacrifices d'argent que les Juifs étaient prêts à supporter, afin de paralyser, par tous les moyens possibles, et certes peu honorables, l'action de la Commission instituée par Sa Majesté l'Empereur. »

Ensuite, Derjawine raconte que, dans cette lettre, il était dit que les Juifs ont *maudit* Derjawine, comme le plus grand ennemi et persécuteur des Juifs ; et ont lancé *sur lui un Herem* (anathème) qui est répété par toutes les synagogues du monde entier, auxquelles ce fait a été communiqué ; que pour arranger *cette affaire* (Commission) à leur avantage, c'est-à-dire laisser la question juive telle qu'elle était à ce moment, *in statu quo,* tous les Juifs de toutes les Russies et des autres pays se sont *cotisés* et ont envoyé 1 000 000 de roubles argent, pour suborner tout ce qui est corruptible et pour faire renvoyer de la Commission instituée par l'Empereur leur ennemi mortel, le procureur général *Derjawine*. Que si cependant tous les moyens étaient impuissants pour obtenir son expulsion de la Commission, le poison ou tout autre moyen devra faire disparaître de ce monde ce grand persécuteur et ennemi du peuple d'Israël ; que, pour exécuter cet ordre, on assignait aux Juifs de Saint-Pétersbourg, chargés de son exécution, un laps de temps de six ans ; qu'en attendant, il fallait mettre en œuvre tous les expédients pour gagner par l'argent, – qui ne ferait pas défaut, – les hautes influences, en vue de faire traîner en longueur la question juive, car tout espoir d'une solution avantageuse était illusoire, tant que *Derjawine* ferait partie de la Commission ou n'aurait pas cessé de vivre ; qu'afin d'aider aux efforts du comité juif de Saint-Pétersbourg pour entraver et embrouiller la question juive, la Commission instituée par l'Empereur recevrait de tous pays des écrits en toutes langues, rédigés par les Juifs les plus capables, traitant *la question* et démontrant *de quelle manière il fallait la résoudre en Russie* ; question grave en effet pour les Juifs, puisqu'il ne s'agissait de rien moins que de leur ôter *le droit de débit de l'eau-de-vie dans les cabarets des petites villes et des campagnes où, pour eux, l'art d'abrutir les paysans par l'ivrognerie, l'abus et la frelatation des boissons alcooliques est devenu la plus productive spéculation.*

Et en effet, continue *Derjawine*, peu de temps après, la Commission instituée par l'Empereur fut inondée d'un déluge de mémoires, de brochures et de différents écrits, tantôt en français, tantôt en allemand, tantôt en anglais, ayant tous pour but de fournir une solution de la question juive en Russie, mémoires, brochures et écrits qui firent, par ordre de l'Empereur, l'objet d'un scrupuleux examen.

Pendant que la Commission s'épuisait par ce laborieux travail, un Juif nommé *Notko*, qui avait su captiver la confiance de *Derjawine* par une apparente conformité d'idées sur la solution à donner à la question juive, et par l'exposé d'un plan de création de fabriques destinées à fournir aux Juifs des moyens d'existence par le travail, vint un jour faire à *Derjawine*, sous les formes de la sympathie et du dévouement, cette proposition confidentielle : « Vous ne pourrez jamais, lui dit-il, contrebalancer les grandes influences qui s'agitent dans l'intérêt des Juifs ; et, comme je suis autorisé à vous offrir 200 000 roubles argent contre l'engagement que vous prendriez de ne pas faire d'opposition aux conclusions de vos collègues commissaires dans la question juive, je vous conseille sincèrement d'accepter l'offre et de vous tenir coi ».

L'acceptation d'une telle proposition était pour *Derjawine* une triple trahison : trahison de sa conscience, trahison des intérêts des malheureux paysans russes, trahison de la confiance de son Souverain !... Et son refus frappait d'impuissance son opposition !... Devant une pareille alternative, il prit le parti de s'adresser directement à l'Empereur, de lui exposer nettement et franchement l'état des choses dans la question juive, avec l'espoir que l'Empereur, édifié sur sa fidélité et sur sa loyauté, lui donnerait son appui et sa protection dans cette délicate question.

En effet, l'Empereur, dans le premier moment, fut péniblement affecté de ces tristes révélations ; mais, aux nouvelles instances que fit auprès de lui *Derjawine*, pour avoir une réponse qu'il pût prendre pour règle de conduite, l'Empereur s'était contenté de lui dire, avec un certain trouble : « Attendez, attendez. Je vous dirai plus tard quand et comment il faudra agir ».

Cependant, il avait retenu la lettre que *Derjawine* lui avait soumise, où il était question de ce million de roubles argent destiné à corrompre les membres de la Commission de la question juive et de l'attentat projeté contre les jours de *Derjawine*, pour en faire, disait-il, constater l'authenticité par la police secrète.

Après cette conversation, *Derjawine* restait convaincu que l'Empereur se défierait désormais des hommes de son entourage, si accessibles aux cadeaux des enfants d'Israël. Mais des relations de famille qui liaient l'Empereur au comte *Valère*, fils d'*Alexandre Zubow*, avaient mis celui-ci au courant de toute cette affaire. Le comte Valère avait, de son côté, pour ami un certain *Spéranski*, directeur général du ministère de l'intérieur, par qui pensait, voyait et agissait le ministre lui-même, *Koczubéi*. Le comte *Zubow* avait donc mis *Spéranski* au courant de tous les détails relatifs à la question juive, qu'il tenait de la bouche de Sa Majesté ; et comme *Spéranski* s'était vendu aux Juifs corps et âme (par l'intermédiaire d'un spéculateur nommé *Péretz*, avec lequel il vivait ostensiblement dans l'intimité, occupant même un logement dans la maison de ce dernier), au lieu d'un *ukase* sévère de l'Empereur, flétrissant et réduisant à néant tous les tripotages indignes qui se commettaient dans la question juive, *la Commission conclut au maintien du* statu quo, *c'est-à-dire du droit pour les Juifs de vendre de l'eau-de-vie dans les cabarets des petites villes et des campagnes.*

Mais, comme *Derjawine* n'avait pas assisté à la séance de la Commission où cette décision avait été prise par les membres présents, cette résolution manquant de la plus importante des formalités exigées, c'est-à dire de l'unanimité absolue, restait inexécutoire, et la question n'avait pas avancé d'un pas vers une solution. Depuis lors seulement, l'Empereur recevait *Derjawine* avec une froideur plus marquée, et, quant à la lettre qu'il avait prise, sous prétexte de la faire vérifier par la police secrète, non seulement il n'avait pas donné d'ordre dans ce but, mais il évitait même d'en parler.

Un projet de solution de la question juive, rédigé par *Baranow* et annoté par *Derjawine*, avait été remis à *Spéranski*, qui l'avait modifié complètement dans le sens de ses opinions personnelles et avec suppression des remarques de *Derjawine*, dont le nom ne figurait même pas à côté de ceux des autres membres de la Commission, dans l'ukase rendu par l'Empereur.

Derjawine, en apprenant les conclusions de ce rapport, avait dit en plaisantant à *Baranow* : « Judas avait vendu le Christ pour trente pièces d'argent. Et vous, pour combien avez-vous vendu le sort des malheureux paysans russes ?... » - A quoi *Baranow* avait répondu en souriant : « Pour 30 000 ducats à chaque membre de la Commission, sauf toutefois moi, car le projet rédigé par moi a été complètement refondu par *Spéranski*, dont la prévarication est notoire ».

VI

Documents fournissant la preuve authentique de tout ce qui a précédé.

*V*oici les documents, et actes que nous venons d'annoncer à l'appui de ce qui précède :

N° 4.

De la gratification destinée aux sergents de ville et subalternes de police.

Samedi, section Noah 5555.

Les représentants du *Kahal* ont décidé qu'il sera accordé une gratification aux trois sergents de police pour tout le temps écoulé à raison d'*un* rouble argent par jour à chacun. Cette somme doit être remise secrètement à chacun séparément par les jurés juifs et prise sur les fonds provenant *de l'impôt* de la boucherie.

N° 17.

Ordonnance du Kahal.

Par suite de la nouvelle loi qui prescrit le recensement de la population, ainsi que le relevé des comptes des cabarets où se vend l'eau-de-vie, le Kahal et l'Assemblée générale ont décidé de choisir onze membres de confiance qui suivront pas à pas cette opération faite par les chrétiens, afin de parer, le cas échéant, aux dommages qui pourraient s'ensuivre pour la cause générale des Juifs. Il sera pourvu aux dépenses occasionnées, *à l'aide* d'une souscription générale.

N° 2.

Des cadeaux à donner aux autorités chrétiennes de la ville.

Mardi, section de 5 livres Schelah 5555.

Les représentants du Kahal ayant reconnu la nécessité de faire quelques cadeaux aux chefs de la municipalité de cette ville, ont décidé que les fonds qui doivent servir à cette destination seront fournis par les bouchers, qui sont débiteurs de la communauté juive par la contribution qu'ils doivent ensuite de la concession à eux faite du droit d'abatage du bétail. La somme destinée pour ces cadeaux sera versée au *Schamosche*, qui doit *tenir compte* exact de toute cette dépense.

N° 33.

Jeudi, section de 5 livres Noach 5555.

Les représentants du *Kahal* ont décidé de consacrer la somme de 100 roubles argent pour l'achat de riz, ainsi que d'autres grains, dont la destination est prévue, et de 50 roubles argent au secrétaire du gouverneur en récompense de ses bonnes dispositions envers les Juifs.

N° 37.

Mercredi, section de 5 livres Vaicei

5558. - Les représentants du Kahal ont autorisé la caisse du Kahal à fournir l'argent nécessaire pour fêter, par un splendide déjeuner et les meilleurs vins, les juges du tribunal chrétien qui doivent rendre le verdict *dans l'affaire* des ouvriers juifs.

N° 156.

Ordonnances relatives à l'encaissement de l'argent nécessaire pour les cadeaux à faire aux chefs des autorités chrétiennes, à l'occasion de la fête de Noël.

Samedi, 21 Tevese 5562.

En vue des très grandes dépenses qu'exigent les dons à offrir aux autorités chrétiennes à l'occasion de la fête de Noël, il est ordonné au percepteur *secret des Juifs* d'employer tous les moyens en son pouvoir, pour opérer le versement dans la caisse du Kahal de tous les arriérés de l'impôt appelé impôt d'intérêt.

N° 159.

Ordonnances relatives à une révision qui doit se faire chez les Juifs par les autorités chrétiennes.

Lundi, 23 Tevese, 5562.

Vu le besoin qu'a la société juive d'une forte somme pour adoucir les conséquences d'une révision qui doit avoir lieu chez certains Juifs par les autorités chrétiennes, le Kahal ordonne que cette somme indispensable sera prélevée sur les fonds de l'impôt de la viande kochère déjà perçu depuis longtemps et actuellement disponible dans la caisse du Kahal. Les représentants du Kahal et du Bet-Dine sont d'accord pour interdire l'emploi de cet argent à d'autre usage qu'à *la cause* dont il est question.

N° 260.

Du secours d'argent aux débitants d'eau-de-vie pendant leur procès avec les entrepreneurs et fournisseurs de boisson.

Mercredi, section Matat-u-Mese, 28 Fanuz 5552.

Les représentants du Kahal ont décidé de venir en aide aux débitants d'eau-de-vie dans le cours de leur procès avec les entrepreneurs de spiritueux, en leur fournissant l'argent nécessaire pour la défense de leurs intérêts. Par conséquent, l'argent nécessaire pour compléter la somme de 100 ducats que devait fournir la boîte de l'impôt pour les illuminations d'après la loi de Behaltaart, sera recueilli et remis aux débitants pour leur besoin présent.

N° 261.

Sur la vente. au profil d'Izaack, fils de Guerson, du droit d'exploiter l'hôpital et la place y attenante. Propriétés appartenant aux moines catholiques.

(Ce document est la confirmation de ce qui a été déjà dit précédemment et dont il sera parlé beaucoup plus amplement dans les chapitres suivants de ce livre. - Il résulte de cet acte, que le Kahal *vend* aux Juifs Hazaka et Meropiié, c'est-à-dire le droit d'exploiter les propriétés des Chrétiens, ainsi que leurs personnes. - Nul autre Juif que celui qui est acquéreur de ce droit d'exploitation, qu'il soit de cette même localité, qu'il soit de toute autre partie du globe où les Juifs sont dispersés, ne peut et ne doit jouir de cette exploitation. C'est ainsi qu'à la réunion générale composée de toutes les autorités juives présentes dans la Chambre du Kahal, il a été unanimement décidé que *la vente du droit d'exploiter* l'hôpital et la place y attenante, propriétés appartenant aux moines catholiques, sera adjugé à un Juif).

Jeudi, veille de la nouvelle lune Acra 5562.

Les représentants du Kahal et la réunion générale, composée de toutes les autorités juives de cette ville, ont décidé : Le *droit d'exploiter* l'hôpital et la place attenante, propriétés situées à l'une des extrémités de la rue Kaïdany et appartenant aux moines catholiques, *est vendu* au Rabbi Izaack, fils de Guerson. Il est également vendu au même Izaack, fils de Guerson, le *droit* d'exploiter la place appartenant à la municipalité de la ville et située à proximité des propriétés ci-dessus nommées.

Ce droit d'exploitation des propriétés des Chrétiens est vendu audit Rabbi Izaack, à ses descendants ou fondés de pouvoirs, *du centre de la terre jusqu'aux plus hauts nuages du ciel*, sans que personne puisse jamais lui contester *son droit* pour l'acquisition duquel Izaack a payé à la caisse du Kahal le prix convenu.

En conséquence ce droit est inviolable pour l'éternité et ledit Izaack peut en disposer à sa volonté, c'est-à-dire le revendre, le mettre en gage, en faire don à qui il lui plaira, en un mot en disposer selon son bon plaisir. Si le Rabbi Izaack s'entend avec les membres de la municipalité de la ville pour obtenir l'autorisation d'élever quelque construction sur la place dont il a acquis du Kahal le droit d'exploitation, il pourra construire des maisons ou tout autre espèce de bâtisse, soit en bois, soit en pierres ou briques. Si le gouvernement venait à s'emparer de ces places pour y construire des casernes ou tout autre édifice public, *il est sévèrement défendu à tout autre Juif de contracter un engagement quelconque avec le gouvernement, et seul Izaach, fils de Guerson, aura le droit d'entrer en pourparlers avec le gouvernement pour obtenir l'adjudication de tous travaux. Il est en outre défendu expressément à tout autre Juif de prendre à sa charge toutes commissions, et seul Izaack, fils de Guerson, pourra être le facteur soit du gouvernement, soit de la municipalité, pour tout ce qui concerne les places dont Izaack a acheté le droit d'exploitation.*

Il est enjoint à chaque Kahal dans le monde entier de protéger ce droit acquis par Izaack, fils de Guerson, pour lui-même, ses descendants ou ses fondés de pouvoir ; et chaque Kahal et chaque Bet-Dine devra poursuivre tout individu qui voudrait mettre quelque obstacle à l'exercice plein et entier de ce droit, le traiter en ennemi et le forcer à payer tout dommage qui pourrait résulter de son hostile immixtion, et en cas de négligence de la part du Kahal et du Bet-Dine à poursuivre le délinquant et à le contraindre à dédommager des pertes qu'il aura fait éprouver à Izaack, fils de Guerson, ou à ses descendants, le Kahal sera tenu de rembourser de sa caisse, dans le plus bref délai, tous les dommages soufferts par Izaack, fils de Guerson, ses descendants ou ses fondés de pouvoirs. La publication de cet acte de vente sera envoyée à toutes les synagogues.

N° 280.
Sur la question qui intéresse tous les Juifs qui habitent la Russie.

Samedi, première date de Tevese. La semaine selon le chapitre Mikoe, - 5562.

A la réunion générale convoquée extraordinairement, et en présence des membres du Kahal au grand complet, il a été décidé, — par suite d'inquiétantes nouvelles arrivées de la capitale, annonçant que le sort des Juifs qui habitent toutes les parties du grand Empire russe a été confié à cinq grands personnages de la cour de Saint-Pétersbourg, avec plein pouvoir de décider ce qui leur semblerait bon en faveur ou en défaveur des Juifs de ce pays, — qu'une députation composée de quelques Israélites des plus savants sera envoyée à Saint-Pétersbourg, avec la mission de se jeter aux pieds de l'Empereur, — que sa gloire soit éternelle ! — pour le supplier de ne point permettre d'introduire aucune innovation dans la vie des Juifs, qui sont ses plus fidèles sujets. Et vu que cette démarche, aussi importante qu'indispensable, occasionnera d'immenses frais en dons, cadeaux et autres moyens de corruption, et que, pour subvenir à tous ces frais, il faudra une très grande somme d'argent, les membres composant le Kahal, comme autorité supérieure juive, ont décidé : *qu'il sera perçu sur tout Juif habitant ce pays* un impôt extraordinaire, dit impôt d'intérêt, et qu'il est réglé de la manière suivante :

1° Du capital, soit en monnaie, soit en marchandises, soit en créances assurées sur hypothèque que possède chaque Juif, on doit payer ½ pour 100.
2° De la propriété immobilière, chaque propriétaire juif payera ¼ pour cent.
3° Des différents autres revenus, tels que loyers, etc., on payera 10 pour cent.
4° Les jeunes ménages qui restent auprès de leurs parents payeront 1 pour cent de tous leurs biens.

Chaque Juif doit confirmer par serment l'évaluation de sa fortune, dont il doit payer tant pour 100, selon le tarif ci-dessus indiqué. Si cependant quelqu'un offre 50 ducats pour cet impôt, il sera dégrevé du serment, sans plus rechercher si l'intérêt exigé de son capital par le tarif doit dépasser la somme de 50 ducats qu'il verserait immédiatement.

Parmi les assermentés chargés de percevoir tous les impôts que les Juifs doivent payer à la communauté israélite, six membres auront la surveillance de la perception de cet important impôt, et ces six membres tiendront du Kahal le pouvoir d'employer, si besoin en est, tous les serviteurs du Kahal, lesquels, dans ce cas, doivent obéissance aveugle à leurs ordres.

N° 281.
De l'impôt, pour paralyser le projet du gouvernement relatif aux Juifs en général

Mercredi, quatrième date du mois Tevese, semaine selon le chapitre Vaigah, 5562.

Comme les sept députés choisis parmi les plus grandes notabilités juives doivent bientôt se rendre à Saint-Pétersbourg, à l'effet d'implorer Sa Majesté l'Empereur et de la supplier que rien ne soit changé dans la position actuelle des Juifs en Russie, et comme, pour cette importante et urgente démarche, il faut de l'argent et encore de l'argent, la réunion au grand complet des membres du Kahal a arrêté ce qui suit : Un nouvel impôt extraordinaire devra être versé au Kahal à raison d'un rouble argent par habitant juif sans distinction de sexe ni d'âge.

Les petites villes ainsi que les villes de districts doivent verser dans les caisses de leurs synagogues respectives l'argent provenant de l'impôt, *dit impôt d'intérêt de tant pour 100*, qui a été ordonné dans la séance de samedi passé, première date du mois Tevese de la semaine selon le chapitre Mikoë, et les caisses de ces synagogues doivent envoyer cet argent dans la caisse générale du Kahal, en faisant en sorte que la *somme de roubles argent*, envoyée par la caisse de chaque synagogue, corresponde au total d'individus de la population juive appartenant à cette synagogue ; c'est-à-dire que si la population juive se compose de mille individus, par exemple, y compris les femmes et les enfants, la synagogue de cette ville doit envoyer à la caisse du Kahal 1 000 roubles argent.

Quant aux habitants de la ville où le Kahal a son siège, ils doivent scrupuleusement, et sous la foi du serment, effectuer les versements de l'impôt *dit impôt d'intérêt de tant pour 100*, entre les mains du caissier choisi pour encaisser l'argent provenant de cet impôt extraordinaire ; lequel caissier est le richissime rabbi *Wolf*, fils de *Hirsche*, très connu et respecté ; assisté pour l'opération de la tenue des livres, ainsi que pour la conservation de tous les actes et documents relatifs à cet impôt, par le richissime *Aïzik*, fils de *Judel*.

Les caissiers et les envoyés de toutes les synagogues des districts, à leur arrivée dans notre ville, pourront, à la réunion générale et du consentement des membres du Kahal, changer les 7 députés qui auront été choisis pour aller à Saint-Petersbourg et les remplacer par d'autres, comme aussi changer le caissier et le teneur de livres.

N° 282.

Ordonnance pour paralyser le projet du gouvernement relatif aux Juifs en général.

Samedi, septième jour de date de Tevese, selon le chapitre de Vaïgah. 5562.

A la séance extraordinaire de la réunion générale et des membres du Kahal au grand complet, a été publié l'avis suivant : Tout individu de la population juive qui, jusqu'à mardi prochain, ne versera pas sa quote-part de l'impôt *dit impôt d'intérêt de tant pour 100*, qui a été décrété par le Kahal pour l'envoi de 7 délégués à Saint-Pétersbourg, afin de paralyser le projet du gouvernement relatif aux Juifs qui habitent la Russie, sera considéré par la société juive comme *renégat* indigne de toute pitié, et sera persécuté, maltraité par tous les fidèles enfants d'Israël. Il sera passible de différentes amendes d'argent et punitions de toutes sortes.

Il a été aussi décidé qu'on n'entrerait point en pourparlers avec quiconque aurait refusé de prêter le serment relatif à l'évaluation de la fortune, cette évaluation étant la base de la part que chaque individu doit de l'impôt ordonné par les précédentes décisions, — décisions qui ne libèrent du serment que ceux qui, dès le principe, ont versé 50 ducats. Quant à ceux des propriétaires des maisons qui veulent en appeler devant *Bet-Dine* de la décision du Kahal, relativement à l'impôt de 10 pour 100 dont sont frappés les loyers de magasins ou d'appartements, et qui leur paraît excessif, ils sont prévenus que les avocats du Kahal seront le richissime *Wolf*, fils de *Hirsche*, et *Aïzik*, fils de *Judel*, et que les plaignants doivent comparaître devant le tribunal de *Bet-Dine* au plus tard dans la journée de demain ; que, passé ce délai, leurs plaintes et poursuites seront regardées comme non avenues.

N° 284.

Sur les cabarets et les fournisseurs d'eau-de-vie.

Dans la même séance a été agitée la question des cabarets tenus par les Juifs et des fournisseurs de boissons ; et il a été décidé que tout Juif qui entrerait en affaire avec ces fournisseurs serait à la merci de 7 débitants choisis par le Kahal, qui le poursuivront de leurs persécutions, lui susciteront malheur, amendes et avanies de tout genre. Le pouvoir de ces 7 débitants élus aura la même valeur que celui de la réunion générale.

N° 285.

Sur le maigre à observer.

Mardi, dixième date de Tevese 5562.

Conformément aux ordres des sept délégués, la proclamation suivante a été publiée : « Un maigre absolu est ordonné à tous les Juifs en général, sans en excepter les femmes et les enfants, savoir : le lundi 16, le jeudi 19, et le 23 du mois Tevese. Ce maigre doit être très strictement observé à l'égal du grand carême Efizy. Ce maigre ayant pour but la prière pour la réussite des démarches qui doivent être faites par les sept délégués à Saint-Pétersbourg, tous les Juifs doivent se rendre dans la grande synagogue pour faire en commun cette prière, *afin de détourner le projet du gouvernement suspendu sur les têtes des juifs en Russie.*

« Celui des Juifs qui, jusqu'à ces jours de prière, ne se sera pas acquitté de l'impôt destiné à paralyser le projet du gouvernement relatif aux juifs, sera persécuté par tous les moyens possibles et, autre les amendes d'argent qu'il aura à subir, en toute occasion il sera rejeté du sein de la société juive ».

VII

La cuisine des abattoirs juifs. — La viande prétendue pure et la viande impure bonne pour les Chrétiens. — *Kochère* et *Tref.* — L'impôt de la boite pour le *Kochère*. — Le Shochet ou boucher privilégié. — Barbarie révoltante et adresse merveilleuse. — Les huit espèces de viande impure (*Tref*). — Profonde science sur le *tref.* — Il est défendu aux juifs, par *Moïse*, de manger de la charogne, mais il leur est permis de la vendre aux non-Juifs. — Rigoureuse surveillance du *Kahal* à cet égard. — C'est avant tout une affaire d'impôt. — Importance de l'impôt de la boite. — On est parvenu à obtenir la protection gouvernementale aux autorités juives pour la perception de cet impôt de secte. — Préjudice causé ainsi aux populations des contrées où habitent les Juifs.

Il faut maintenant entrer dans certaines particularités essentielles des mœurs juives, et parler :

1° Des abattoirs juifs, du *kochère* et du *tref.*
2° De l'influence du *kochère* et du *tref* sur la vie des Juifs.
3° De l'impôt, dit *impôt de la boîte*, pour la viande *kochère*.
4° De l'emploi de cet impôt.
5° De la protection qu'accorde le gouvernement russe aux autorités juives, pour la perception de cet impôt

Dans toutes les villes, grandes et petites, où commence à se caser la population juive, elle fait construire à ses frais un abattoir, où les bouchers juifs doivent abattre les bêtes à cornes et autres espèces d'animaux dont la viande pure, appelée *kochère*, leur sert de nourriture, et celle qui est impure, nommée *tref*, est vendue aux Chrétiens. C'est en partie la différence de ces deux espèces de viande, qualifiées ainsi par la religion israélite, qui invite partout les Juifs à accaparer et à monopoliser à leur profit le commerce de la boucherie.

Outre cette question de salubrité *imaginaire*, mais que leur religion sanctifie en quelque sorte par la qualification d'une viande qui n'est pas *kochère*, et qu'on n'obtient que si l'animal est abattu par un boucher juif dans un bâtiment appartenant exclusivement aux Juifs, il en existe encore une autre, d'un intérêt bien plus grand. C'est le pouvoir de contrôler la rentrée d'un très important impôt que le *Kahal* perçoit sur la vente de la viande *kochère* ; contrôle impossible, sans un abattoir à part. — Cet impôt, en effet, très considérable et très productif, est destiné à servir en mainte occasion à aplanir les difficultés, à vaincre les résistances, qui doivent se rencontrer dans la poursuite d'un résultat, tel que celui qu'a toujours poursuivi et que ne cessera de poursuivre le peuple d'Israël.

Il est donc connu que les Juifs ne mangent pas de la viande de l'animal qui n'a pas été abattu par un Shochet[9]. On sait en outre qu'ils ne mangent point de certains animaux prohibés par le Talmud. Sur les 56 chapitres que la loi du Talmud consacre à définir la manière d'abattre un animal, afin d'obtenir de la viande *kochère*, — chapitres qui renferment 642 paragraphes, compris dans le recueil *général* des lois du Talmud, Schalschan Aruh Zore Deia, — nous en choisissons quelques-uns, que nous avons crus dignes d'une citation textuelle.

Et d'abord les paragraphes 10 et 11 du chapitre 1er, relatif à la manière d'abattre l'animal dont la viande doit être consommée par les Juifs, c'est-à-dire qui doit être *kochère*, prescrivant que le couteau dont se sert le Shochet doit être sans la moindre brèche, excessivement aiguisé et partout égal et poli. Si le couteau n'a pas toutes ces qualités, la viande de l'animal devient *tref*, c'est-à-dire qu'elle ne peut servir aux Juifs et par conséquent doit être vendue aux Chrétiens. En outre, si le couteau, ayant toutes les qualités exigées et indiquées ci-dessus, lorsque le Shochet procède à l'opération, conserve ces mêmes qualités après l'opération, la viande est *kochère*, mais si l'opération a fait au couteau la plus petite brèche, ou s'il a été endommagé de tout autre manière, comme par exemple si après l'opération il n'est plus aussi effilé, aussi égal, aussi poli qu'il était auparavant, la viande de l'animal tué par un pareil couteau devient *tref*.

Le paragraphe 7, chapitre 18, dit : « Si le tranchant du couteau est tout à fait égal, n'ayant aucune brèche et complètement propre, bien qu'il ne soit point aiguisé, le Shochet peut s'en servir pour tuer l'animal, et la viande pourrait être *kochère*, quand même l'opération durerait une journée entière, pourvu toutefois qu'après cette opération le couteau conserve l'aspect qu'il offrait avant l'emploi ».

---

9 — Boucher juif spécial, qui a dû étudier dans tous ses détails les prescriptions recommandées par le Talmud relativement à l'abattage des animaux et à l'occision des volailles.

Il faut cependant convenir que, malgré les prescriptions bizarres et souvent incompréhensibles de la loi du Talmud, l'opération exécutée par les Shochets se fait généralement avec une adresse et une promptitude extraordinaires ; mais les préparatifs sont tout à fait sauvages et révoltants. Ainsi, on soumet le pauvre animal destiné à être tué, à toute espèce de tortures, aussi longtemps que la victime semble conserver quelque velléité de résistance, et l'on ne cesse ces tortures qu'au moment où l'animal, perdant tout sentiment de la vie, devient complètement immobile. Alors le Shochet, débarrassant du poil qui le couvre l'endroit où doit se pratiquer l'incision, procède à l'opération de jugulation assez promptement, assez vivement et assez adroitement, pour que l'animal ne puisse endommager par un mouvement quelconque le couteau ; car, dans le cas où cela aurait lieu, d'après les prescriptions ci-dessus mentionnées, la viande deviendrait *tref*.

Voici un côté de la question de la viande *kochère* et *tref*, qui est pour les Juifs seuls la cause de sérieux scrupules, car pour les Chrétiens il n'importe en rien que l'animal soit tué avec tel ou tel couteau, pourvu que cet animal soit sain et que la viande ait un bon goût. Mais le côté vraiment dommageable pour les Chrétiens, et qui résulte précisément de l'observance de certaines règles relatives à la constatation du *kochère* et du *tref* pour les Juifs, le voici : L'animal a été tué suivant toutes les minutieuses conditions et règles relatives au couteau, à la tenue de la bête, préparatifs, etc. ; mais ce n'est pas tout : car alors le Shochet, ayant ses manches retroussées, procède à la seconde opération qui consiste à inspecter scrupuleusement l'état des viscères de l'animal tué. Cette opération est exécutée par le Shochet, de point en point, d'après les indications du Talmud sur l'art vétérinaire, et si, par cette inspection, les viscères de l'animal tué n'offrent pas les signes auxquels se reconnaît la santé, la viande est déclarée *tref* et doit être mise de côté pour être vendue aux Chrétiens.

Les maladies qui font juger la viande *tref* (impure) sont de huit espèces ; savoir :

Derus, Nekuba, Habeza, Netula, Kenra, Nefula, Pesuka, Hebura[10].

Derus....... : désigne l'animal blessé par un animal sauvage.
Nekuba ..... : signifie un creux trouvé par le Shochet, soit sur la peau qui couvre la cervelle, soit dans le tube intestinal, soit dans le chyle, soit dans le foie, soit dans le cœur.

---

10 — *Schalschan-Avuh-o-Deïa*, chap. XXIX sur le *Tref*.

Habeza ..... : animal avec un défaut de naissance dans les poumons.
Netula ...... : animal qui pèche par le foie.
Kenra. ...... : signifie le ventre de l'animal coupé jusqu'au intestins.
Nefula ...... : animal qui, étant tombé par accident, a eu quelque chose de dérangé dans son être.
Pesuka. ..... : animal avec l'os vertébral cassé.
Hebura. ..... : animal qui a eu une partie de l'os vertébral endommagé.

Ce sont ces huit points qui constituent la profonde science sur le *tref*, et qui sont discutés souvent par les Juifs savants, et interprétés de manières différentes et contradictoires.

Par ces motifs, on s'explique facilement pourquoi les Juifs montrent un dégoût si prononcé, s'abstiennent avec tant de persévérance de manger la viande chez les Chrétiens ; car, la plupart du temps, ce n'est que la viande du *tref* rejetée par eux et vendue aux Chrétiens, viande qui souvent n'est pour eux que de la charogne (*Nefula*).

C'est à cause de l'ignorance complète dans laquelle les Chrétiens sont restés jusqu'à ce moment, relativement aux mystères de la religion juive, en ce qui concerne les règles du *kochère* et du *tref*, que la vente aux Chrétiens seuls de cette dernière qualité de viande, appelée par les Juifs *impure*, et qui, en effet, n'est très souvent que de la *charogne*, a été tolérée. - Mais il faut demander à ces promoteurs du libéralisme, qui déclament du haut des tribunes publiques et des chaires des universités, en faveur de l'égalité de toutes les religions, s'ils pensent que la vente faite par les Juifs aux Chrétiens de viande gâtée et malsaine est un fait loyal et honnête de leur part ; et si, malgré tout, elle doit exister et être toujours exécutée, parce que la loi du Talmud renferme, dans le chapitre XIV page 21, la confirmation de ce que *Moïse* prêchait aux Juifs dans le désert : *Il vous est défendu de manger de la charogne, mais il est permis de la vendre à l'étranger qui habite parmi vous.*

Outre ces deux principales opérations, qui renferment, comme on a pu s'en convaincre, une quantité de menus détails, il y en a bien d'autres encore, non moins minutieux, relatifs à la manière de nourrir l'animal destiné à être tué, à la séparation du sang et des veines de la viande destinée à être viande *kochère* ; et bien d'autres qui sont confiés à l'examen d'un employé spécial autre que le Shochet, appelé Menckevy.

Tel est le court aperçu sur les opérations de l'observance, et pratique desquelles dépend la viande *kochère* ; opérations et prescriptions qui sont aussi incommodes et embarrassantes pour les Juifs eux-mêmes que nuisibles aux Chrétiens. Car il faut faire ici cette réflexion que l'exécution, dans toute sa sévérité, de la règle qui ordonne aux Juifs de ne manger que de la viande *kochère*, n'est pas le résultat du fanatisme juif, comme généralement semblent le croire les Chrétiens ; mais que la stricte observation de cette loi est due à la très active surveillance des agents et serviteurs dévoués au *Kahal*, ainsi qu'aux moyens très adroitement inventés que le *Kahal* emploie pour constater chaque livre de viande consommée par la population juive. D'un autre côté, comme les infractions à la loi sur le *kochère* et le *tref* amènent des punitions, des persécutions et des amendes à payer, armes dont le *Kahal* dispose, tout cela est d'une efficacité infaillible sur les contrevenants juifs qui, par crainte d'encourir le *Herem*[11], exécutent, bon gré mal gré, la loi sur le *kochère*, imposée despotiquement par le *Kahal*.

Les documents classés sous les n°s 148 et 149, dans le *Livre sur le Kahal*, de Brafmann, et qui, traduits du russe, sont reproduits textuellement au chapitre VIII, donnent une idée de la manière dont le *Kahal* entend appliquer les punitions et les persécutions aux Juifs réfractaires, ainsi que le Kevem, dont nous parlerons très en détail dans un des chapitres suivants.

On le voit, la loi sur le *kochère*, prescrite à la vérité par le Talmud, mais appuyée et sévèrement surveillée dans son exécution par le *Kahal* de chaque localité habitée par les Juifs, est observée par la population juive, bien plus par la crainte des punitions et des persécutions dont le *Kahal* dispose que par le fanatisme religieux. Quant à la sévérité du *Kahal* sur la stricte observation de cette loi, elle s'explique facilement. Si le *Kahal*, en effet, est une institution ou autorité imposée à la population juive par le Talmud, il est tout naturel qu'il tienne à l'observation exacte de la loi sur le *kochère*, car cette loi, qui plus que toute autre sépare la vie intérieure des Juifs du reste de l'humanité, doit être conservée intacte, et c'est tout naturellement le soin qui incombe à l'interprète fidèle du Talmud, et cet interprète c'est le *Kahal* dans chaque localité juive.

Mais le *Kahal* sait parfaitement, par expérience, que les Juifs n'observent pas strictement la loi sur le *kochère* lorsqu'ils se trouvent

---

11 — (*note de Lenculus*). : *Hévem* – Selon le document original en notre possession.

hors de chez eux, ou le contrôle introduit et sévèrement surveillé par les agents du *Kahal* ne permet à aucun Juif une infraction à cette loi. Sachant donc cette tendance des Juifs en général à ne point observer strictement la loi sur le *kochère*, le *Kahal* a pris la détermination de ne point compter sur le fanatisme religieux, et il ne leur laisse pas la liberté d'action. Car, comme il a été déjà dit, beaucoup de Juifs préfèrent acheter et manger de la viande *tref*, bien entendu pas de celle rejetée par les bouchers juifs comme malsaine, viande qui n'est pas soumise à l'énorme impôt prévu par le *Kahal* sur la viande *kochère*, quoique cet impôt soit employé dans bien des circonstances à conserver intacte la loi du Talmud. Si le *Kahal* se bornait à donner seulement des avis et à faire des observations d'une manière délicate, ce serait vouloir construire une grande maison sans lui assurer de solides fondements. Aussi, connaissant la haute importance de cette loi pour maintenir son influence sur la vie intérieure des Juifs, chaque *Kahal* en surveille l'observance dans son rayon avec une rigidité extraordinaire.

Par tout ce qui a été dit plus haut sur le *kochère*, il est facile de comprendre pourquoi le *Kahal*, dans chaque localité où se trouve une population juive plus ou moins grande, élève à ses frais un bâtiment destiné à l'abattoir ; pourquoi le commerce de la boucherie juive est entouré de tant de circonspection, surveillé par tant d'employés, surchargé d'un impôt écrasant, et enfin à quoi peuvent servir tant de cérémonies bizarres et inexplicables qui s'exécutent dans les boucheries juives.

Les actes et documents concernant cette partie de la vie juive se trouvent réunis dans le *Livre sur le Kahal*, de Brafmann, au nombre de quarante-six. Nous n'en citerons que deux, classés sous les n°s 148 et 149, comme les plus intéressants. Le principal but des ordonnances citées dans ces documents est de conserver les principes que représente le Talmud. Si on ajoute encore que l'impôt sur le *kochère*, dit *impôt de la boîte*, sert à payer tous les individus employés auprès de cette institution ainsi qu'à fournir l'argent nécessaire à la corruption des employés du gouvernement (comme cela est indiqué par les documents extraits du *Livre sur le Kahal* qui ont été cités plus haut, chapitre VI), on comprendra comment cette institution, tout en étant une charge lourde pour les Juifs eux-mêmes, mais utile à leur cause en général, est très nuisible aux Chrétiens, et comment la stricte exécution de la loi sur le *kochère* paralyse les projets des gouvernements d'Europe relatifs à la réforme de la question juive, réforme qui serait si salutaire aux populations chrétiennes.

En Russie, pays qui, depuis les temps les plus reculés, était rongé par cette *gangrène* qu'on appelle la corruption des employés du gouvernement, les Juifs, avec l'adresse qui les caractérise, sont parvenus à garantir la perception forcée de l'impôt sur la viande *kochère*, par la législation des lois du pays dont l'exécution était confiée aux employés du gouvernement ; ils ont si bien fait que les autorités civiles russes elles-mêmes surveillaient, de leur côté, la stricte observation par tous les Juifs de la loi sur le *kochère* !

Cette question, si extraordinaire et si bizarre, a été motivée par le *Kahal* de la manière suivante :

« Ne nous fiant pas sur notre force morale, qui devrait nous servir pour entretenir l'institution si importante de la loi sur la viande *kochère* prescrite par le Talmud d'une manière si particulière, et prévoyant les circonstances dans lesquelles ceux de nos coreligionnaires qui ne veulent pas observer strictement les prescriptions de ladite loi, méritant une remontrance et punition de la part du *Kahal*, pourraient s'adresser aux autorités civiles russes, afin de chercher leur protection pour ne point subir les punitions que le *Kahal* prétend avoir le droit de leur appliquer, nous avons fait tout notre possible pour introduire dans les lois civiles du pays un chapitre relatif à la perception de l'impôt sur le *kochère*, afin d'en assurer l'exécution par les autorités. »

On devine que la réussite de cette introduction de la loi sur le *kochère* dans les codes du pays n'a pas dû coûter beaucoup de peines au *Kahal*, car il s'agissait seulement de persuader les autorités russes que l'impôt dit *impôt de la boîte*, qui se perçoit journellement chez les Juifs, n'est autre chose qu'un moyen plus sûr de faire payer à la population juive les impositions que tout gouvernement réclame de ses sujets, à quelque religion qu'ils appartiennent. Et voilà de quelle manière le *Kahal* a forcé pour ainsi dire le gouvernement russe à introduire la loi sur le *kochère* juif dans ses propres lois. Il l'a fait en ces termes :

« L'impôt qui depuis longtemps existe chez la nation juive en Russie, sous la dénomination d'*impôt de la boîte*, perçu sur la viande appelée *kochère* est est destiné aux améliorations qui peuvent être introduites parmi cette population, à savoir : *a)* pour l'établissement d'écoles juives partout où le besoin s'en ferra sentir ; *b)* pour assurer la rentrée des impositions dues par la population juive au gouvernement ; *c)* et pour protéger et aider les autorités civiles et militaires dans la perception régulière de cet impôt[12] qui doit être :

1° sur chaque animal abattu dans les abattoirs juifs, dont la viande est *kochère* ;
2° sur chaque volaille tuée et destinée également à être *kochère* ;
3° sur chaque livre de viande *kochère* vendue aux Juifs ;
4° sur les amendes que doivent payer ceux qui n'observent pas strictement la loi du *kochère*, selon les prescriptions du Talmud.

« Pendant l'opération que font les bouchers juifs en abattant les animaux et les volatiles dont la viande doit servir pour le *kochère*, on doit veiller à ce que les instruments et les ustensiles servant à l'opération soient conformes aux prescriptions de la loi du Talmud, ce qui doit être certifié par le rabbin[13].

« La police de la ville et de la campagne, ainsi que les autorités civiles, doivent, à la demande légale des entrepreneurs juifs, aide et intervention, pour que la perception de l'impôt, dit l'*impôt de la boîte*, soit faite strictement et sans aucun retard par les Juifs qui achètent la viande *kochère* pour leur consommation[14]. »

Ainsi la loi de *kochère* est aujourd'hui sous la protection du gouvernement russe, devenu le soutien de cette institution éminemment juive, et qui, comme il a été déjà dit, sépare le plus la population juive des populations chrétiennes parmi lesquelles elle vit ; cette loi ne craint aucun ennemi en Russie. — Sur la question de savoir quel avantage le gouvernement russe peut trouver à protéger ainsi la prescription de l'impôt sur le *kochère*, voici de quoi édifier les curieux : Les arriérés dus par la population juive du gouvernement de Vilna montaient, en 1869, à la somme énorme de 93 368 roubles argent (1 173 472 francs) ; et ceux dus par la population juive dans le gouvernement de Minsk atteignaient, en 1868, 341 097 roubles argent (1 364 388 francs). En tout, pour les deux gouvernements : 2 millions 537 860 francs).

Le gouvernement russe, en protégeant la perception de cet impôt sur le *kochère* et en le faisant exécuter par les autorités civiles russes, cause le plus grand tort aux populations chrétiennes des contrées où habitent les Juifs, sous le rapport hygiénique, puisqu'il fait manger à ces populations de la viande souvent *malsaine*, rejetée par les Juifs ; d'un autre côté, il favorise et encourage les mêmes Juifs à lui résister

---

12 — Supplément au chap. CCLXXXI de la loi sur les impôts, art. 1 et 8.
13 — Supplément au chap. CCLXXXI, art. 33 de la loi sur les impôts.
14 — Supplément au chap. CCLXXXI, art. 57 de la loi sur les impôts.

et à paralyser tous les projets de réforme qu'il tenterait d'introduire dans la population juive disséminée sur ses immenses États, ce dont nous avons fourni la preuve par les citations authentiques données à la fin du chapitre précédent, par des extraits du compte rendu de *Derjawine*, et par les extraits des ordonnances du *Kahal* dont nous faisons suivre ce chapitre, nous réservant de revenir plus tard encore sur cette question.

VIII

Documents extraits du livre de Brafmann sur le *Kahal*, donnant les preuves de ce qui précède. — Quelle valeur peut avoir le témoignage d'un Juif surveillé par le *Kahal*.

Voici les documents, classés dans le *Livre sur le Kahal*, de Brafmann, sous les n°ˢ 148 et 149, que nous venons d'invoquer à l'appui de cet exposé.

N° 148.

Les règlements pour assurer l'autorité au tribunal judiciaire des Juifs, qui, par suite des délits et des contraventions que commettent nos coreligionnaires, risque de perdre toute influence, ce dont Dieu nous garde !

Ces règlements ont été discutés et approuvés par la réunion générale composée de toutes les autorités juives, à savoir des représentants de la ville, des membres du *Kahal* au grand complet et des membres du tribunal *Bet-Dine*, en vue d'assurer aux jugements de ce tribunal force exécutive de la part de tous les Juifs.

1° Si quelqu'un de la religion juive est cité trois fois par le *Samoche* (serviteur de la synagogue) devant le *Bet-Dine*, pour déposer dans la question qui le concerne, et n'obéit pas à cet appel, de même que, s'il ne se soumet pas au jugement rendu par le *Bet-Dine* dans la même affaire… il sera lancé un *Hevem* contre lui. — Les chefs et les représentants de la ville accèdent d'avance à toutes les expressions qu'emploiera le *Bet-Dine* dans la formule de ce *Herem*, qui sera lancé par un notaire juré contre le coupable. — Le *Samoche* devra proclamer que le *Hevem* lancé a été approuvé par toutes les autorités juives réunies (« *Begaskomas aloufei veroznie HaKahal.* ») Si un tel *Hevem* n'avait pas de résultat, alors le *Bet-Dine* doit en dresser procès-verbal, signé par tous ses membres, et enregistrer cet acte dans le Pinkes (livre des actes). Le *Samoche* est aussi tenu de l'enregistrer dans le Pinkes du *Kahal*. Après quoi, le *Samoche* devra consulter le *Persécuteur secret* (percepteur) Neigah-Gamel, sur ce qu'il faut faire et comment on doit agir avec le coupable qui ne s'est pas corrigé après que le *Hevem* a été lancé contre lui. — Ce qui sortira de la bouche du *Persécuteur secret* (percepteur) devra être très respectueusement exécuté par le *Samoche*.

Si le coupable est un homme puissant, dangereux et capable de causer quelque dommage au *Kahal*, le *Bet-Dine* doit, en ce cas, se concerter avec l'inspecteur mensuel, ainsi qu'avec deux représentants les plus expérimentés (auquel cas nul membre du *Kahal* ou *Bet-Dine* ne peut décliner sa coopération), pour prendre en commun une décision, qui deviendra inévitablement exécutoire ;

2° Si le coupable contre lequel a été lancé le *Hevem* persiste trois jours dans son obstination et ne fait pas amende honorable, tout son *bien* immobilier et mobilier, ainsi que la position qu'il a pu acquérir dans la synagogue, doivent être déclarés, par le *Bet-Dine*, comme *Hefker* (disponible pour le premier acquéreur venu). Dés lors toutes les indemnités dues au *Bet-Dine* doivent être acquittées par une partie prise sur la fortune du coupable, car toute cette fortune mobilière et immobilière sera vendue par estimation (en l'absence du coupable) ; et ce qui restera, après avoir payé les indemnités dues au *Bet-Dine*, appartiendra à la caisse du *Kahal*. Si cependant quelques réclamations s'élevaient de la part des créanciers du coupable, les ordonnances et les jugements du *Bet-Dine* régleront ces réclamations[15] ;

3° Si la partie qui en cite une autre, pour obtenir un jugement du *Bet-Dine*, dans un procès quelconque, ne trouve que trois juges, ces trois juges sont obligés de commencer immédiatement à instruire le procès, sans sursis possible, sous prétexte que le tribunal n'est pas au complet. Il n'y a d'exception à cette règle que s'il se présente une affaire très importante, à laquelle tous les membres composant le *Bet-Dine* doivent prendre part. Mais en général il est à souhaiter que tout procès soit vidé le plus tôt possible. Les représentants du *Kahal*,

---

15 — Ce document a été traduit textuellement du *Livre sur le Kahal*. Il est probable que la vente dont il est question se borne à la vente du *droit d'exploiter* les propriétés du coupable juif, comme cela se fait pour les chrétiens.

ainsi que les autres *Daïons* (juges) seront tenus d'accepter et d'approuver tout ce qui a été décidé par les trois juges, sans droit d'observation ni d'opposition. Et si une partie, mécontente du jugement rendu par les trois juges, s'adressait à un autre juge pour en appeler de ce jugement, personne ne doit obtempérer à cette demande ; car l'affaire a été jugée par trois juges qu'on ne peut remplacer par un autre *Samoche* ;

4° Si le poursuivant, c'est-à-dire celui qui intente un procès, force la partie adverse à se présenter devant un tribunal chrétien, à l'aide du *Hevem*, il sera cité à comparaître devant le tribunal du *Bet-Dine*. On doit d'abord lui envoyer l'avertissement que le *Kahal* et le *Bet-Dine* lui feraient payer tous les frais et tous les dommages qui atteindraient la partie adverse dans ce procès ; et que de plus il aura à subir toutes les responsabilités qui résultent du *Hevem*, responsabilités imposées en vue de soutenir et de faire respecter la sainte institution du *Bet-Dine*.

5° Il est défendu à tout Juif de servir de témoin à celui qui cite un de ses coreligionnaires devant un tribunal autre que le tribunal du *Bet-Dine* ; et au contraire il est enjoint à tout Juif de témoigner, s'il est appelé devant le tribunal chrétien, en faveur de la partie adverse du poursuivant ;

6° Si le poursuivant possède une lettre de change de la partie qu'il cite, il peut dans ce cas citer son adversaire devant un tribunal chrétien, si ce dernier n'a pas voulu se soumettre à la décision du *Bet-Dine* ;

7° Si le coupable reconnaît sa faute et fait amende en se soumettant au jugement rendu par le *Bet-Dine*, avant que cette affaire ait été communiquée au *Persécuteur secret*, le *Bet-Dine* peut annuler le *Hevem* lancé contre lui, mais avec cette indispensable condition d'obtenir du coupable la garantie positive et incontestable que ce dernier se soumettra aux décisions du *Bet-Dine*. — Si cependant l'affaire avait été déjà communiqué au *Persécuteur secret*, l'annulation du *Hevem* ne pourrait être accordée qu'avec la permission du *Kahal*, du *Bet-Dine* et de toutes les autorités juives de la réunion générale ;

8° Les *Samoches* doivent une fois par mois se réunir et choisir parmi eux un *Persécuteur secret*, et celui-ci doit jurer solennellement, qu'il n'épargnera personne au monde, pas même ses plus proches parents ; et qu'en se conformant aux instructions qu'il recevra de ses prédécesseurs, il fera tout son possible pour soutenir et faire respecter le saint tribunal de *Bet-Dine*, institué par le Talmud. — En outre, il doit jurer de ne point divulguer le secret de son élection pour remplir cette fonction.

N° 149.

Des devoirs et moyens qui doivent être employés par le Persécuteur secret pour parvenir à briser et à vaincre la volonté du coupable insoumis au tribunal juif du Bet-Dine.

1° Le coupable contre lequel a été lancé le *Hevem* doit être privé de l'exercice de toute fonction dans le *Kahal* ou dans les *Herveïs* (confréries) ;

2° Son exclusion de toutes les confréries est absolue ;

3° Il ne doit pas être admis près de *Fora-Besgamidrasch*[16], non plus qu'auprès des autres lieux où les saintes cérémonies sont célébrées ; à plus forte raison, il ne doit pas lui être permis de s'approcher, en qualité de chantre, du lieu où se fait la prière. Il lui est interdit d'acheter des honneurs, et la prière commune ne peut être interrompue ni arrêtée par lui[17] ;

4° Le coupable ne peut être invité à aucun réunion générale, ni à aucune fête particulière car celui qui l'inviterait serait passible d'un *Hevem*.

5° Personne ne doit louer au coupable ni chambre à habiter, ni aucun endroit où il pourrait exercer un commerce quelconque ; néanmoins tout arrangement pris avec lui, avant que le *Hevem* fut lancé contre lui, doit être strictement observé, jusqu'à l'expiration du terme convenu d'abord. La femme du coupable ne peut pas être admise à la cérémonie d'ablution dans la *Mikwa*, et il est bien entendu qu'à l'heure suprême et fatale, tous les malheurs tomberont comme la foudre sur le coupable. *Upchito chebeïam pokdaï inflkadolof vastcï* ;

6° Si le coupable exerce un état quelconque, il est défendu à tout Juif de le faire travailler de son état ;

7° Si un père avait promis sa fille en mariage au coupable contre lequel est lancé le *Hevem*, il est permis à ce père de rompre le contrat et de ne point tenir sa promesse, sans être pour cela

---

16 — La cérémonie de *Fora* sera décrite dans un des chapitres suivants.

17 — Si un Juif a été blessé dans ses intérêts ou dans sa dignité par un autre Juif ou par une confrérie, et qu'il n'ait pas reçu satisfaction de cette offense, il se rend à la synagogue, au Besgamdrasch, et là il interrompt la prière et l'arrête jusqu'à ce que satisfaction lui soit donnée.

obligé de payer une indemnité quelconque, comme cela se pratique ordinairement en pareil cas.

8° Il est permis à tout le monde de crier à la synagogue que le coupable a mangé du *tref*, ou qu'il n'a pas observé le maigre et autres accusations, et cela on peut l'affirmer faussement, afin d'exciter le fanatisme de la populace juive, et que le coupable soit en butte à toutes les persécutions possibles.

Tout ce qui précède a été décidé à l'unanimité par la réunion générale composée des membres du *Kahal* et du *Bet-Dine* et approuvé par le grand rabbin Garof-Gagadol. Et tous ont signé sous prestation du serment, exigée afin que tout cela soit suivi ponctuellement.

Il faut avoir lu attentivement ce qui précède pour se faire une idée de la position d'un Juif qui se trouve sous l'influence immédiate du *Kahal*, ainsi que des rapports du *Kahal* avec les autorités locales, et de la valeur que peut avoir le témoignage d'un Juif surveillé par le *Kahal*.

IX

Rapports des confréries juives avec le *Kahal*. — Influence qu'exercent ces confréries sur les Juifs et les Chrétiens. — Elles font de tous les Juifs répandus parmi les Chrétiens une corporation invisible, et toute-puissante. — La confrérie du Talmud : la Savante. — La confrérie de Bienfaisance. — La confrérie des Artisans. — La confrérie de Religion. — La confrérie des Funérailles, etc. — Autant de petits *Kahals*, instruments aveugles du grand *Kahal*. — Actes et documents à l'appui de ce qui précède.

*P*ASSONS aux confréries juives ; voyons quels sont leurs rapports avec le *Kahal* et l'influence que ces confréries exercent sur les Juifs et les Chrétiens.

Il n'y a pas de société juive dans laquelle n'existent quelques confréries, et il ne se trouve presque pas de Juif qui n'appartienne à l'une ou à l'autre.

L'influence de ces confréries sur la vie générale et l'existence privée de chaque Juif, sous le rapport moral et matériel, ainsi que sur l'organisation sociale du pays où les Juifs habitent, est très grande et très remarquable. Les confréries juives sont, pour nous servir d'une comparaison très juste, les *artères* de la société juive, tandis que le *Kahal* remplit les fonctions du *cœur*. Pour quiconque n'a pu pénétrer intimement les ressorts de la vie intérieure des Juifs et les moyens artificiels qu'ils emploient pour exister au milieu des différentes sociétés chrétiennes et autres, il est presque impossible de saisir le fil mystérieux qui enchaîne et lie tous les Juifs répandus sur la surface de la terre, comme une toute-puissante et invisible corporation.

Dans l'ouvrage publié en langue russe par Brafmann (Vilna, 1869), cette question est traitée avec tous les détails possibles. Ici, nous ne ferons qu'effleurer cette intéressante partie de la vie des Juifs en indiquant quelques catégories des confréries en question.

La 1ère catégorie est une confrérie du Talmud : *La Savante*.
La 2e catégorie est une confrérie de bienfaisance.
La 3e, est une confrérie des artisans.
La 4e, est une confrérie de la religion.
La 5e, est la confrérie des funérailles.

Puis, plusieurs autres confréries, qui sont partagées en une infinité de confréries locales, mais qui toutes sont intimement liées sous le drapeau national du Talmud, qu'elles servent fidèlement en secondant l'institution du *Kahal* dont leur existence dépend.

Chaque confrérie a son chef, son instituteur, et assez souvent sa maison de prière (succursale de la synagogue principale). En un mot, chaque confrérie est un *Kahal* secondaire, dont la plupart des membres appartiennent à l'élite de la société juive, formant une quasi-légion de combattants qui entourent et défendent le drapeau national du Talmud. Toujours au service du *Kahal*, lorsque celui-ci croit nécessaire de punir un Juif récalcitrant et de le faire rentrer sous son joug pesant, - ils sont également toujours prêts à défendre, par tous les moyens dont ils peuvent disposer, un Juif fidèle et soumis aux ordres du *Kahal*, lorsque ce Juif a quelque démêlé avec les *Goïm*.

Les rapports de ces confréries avec le *Kahal* sont consignés avec beaucoup de détails dans 21 actes et documents publiés par Brafmann, dans son *Livre sur le Kahal*. Nous en avons extrait et traduit du russe sept des plus intéressants, classés sous les n°s 7, 8, 14, 59, 79, 82 et 85.

Les voici :

N° 7.
Sur la formation de la statistique de la population juive de la ville, selon la position de chacun.

Mercredi, section de 5 livres Ahro-Kerdochime Iva 5555.

Parmi les représentants du *Kahal*, il a été ordonné aux *Gaboïms* (chefs des confréries) de fournir la véritable statistique de tous les membres composant leur société. Dans les confréries des artisans, ils devront indiquer les contremaîtres établis, sans mentionner s'ils appartiennent à la population juive de la ville ou s'ils sont étrangers. Le même ordre a été donné par le *Kahal* à tous les propriétaires juifs ou locataires principaux juifs de cette ville, y ayant domicile, ou l'habitant seulement temporairement.

N° 8.
Sur le choix des jurés.

Pour régler la question pendante avec quelques confréries, relativement à la boucherie juive, samedi, selon la section Ahro-Kerdochime, 13 Iva 5555 : *a)*, avec l'assentiment du *Kahal*, ont été élus quatre chefs de confréries qui, avec le Rabbi Samuel, fils de J., doivent arranger et terminer l'affaire qui s'est élevée entre Hevra Kadische (confrérie des funérailles) et Hevra-Schive-Kirnechime (confrérie de 7 élus). A la même séance, il a été décidé qu'il serait délivré à Samuel, fils de J., le certificat de traduction de quelques décrets de *Bet-Dine* en langue russe. Si le Rabbin et le *Bet-Dine* y consentent, les *Samoches* (notaires du *Kahal*) peuvent signer ce certificat.

N° 14.
Sur la construction de l'abattoir juif.

Samedi, section de 5 livres Begaloscho 5555.

Il a été enjoint aux confréries Hevra-Kadische et Hevra-Schive-Kirnechime de construire l'abattoir juif à leurs frais ; et puisque la confrérie Schive-Kirnechime s'est retirée, et qu'en conséquence de cette retraite la continuation de ladite construction a dû être arrêtée, le *Kahal* désigne Rabbi Avi, fils de R., Rabbi Nota, fils de D., et Rabbi Samuel fils de G., d'arrêter le compte exact avec la confrérie qui se refuse à la continuation de la construction dont il est question, et de réclamer d'elle la quittance de toutes les dépenses faites jusqu'à ce moment. Lorsque ce compte sera terminé et que les délégués auront entre leurs mains la quittance en question, ils devront proposer à la confrérie Kadische d'acheter du *Kahal* le droit de continuer seule et à ses frais l'abattoir. — Les trois délégués ont pouvoir et ont tout droit d'arrêter le compte, comme ils l'entendent, avec la confrérie qui s'est retirée, ainsi que de passer accord avec celle qui voudrait continuer la construction, comme pourraient faire les sept principaux chefs de la réunion générale. Si la confrérie Kadische désire continuer ladite construction et obtient l'autorisation des délégués ci-dessus indiqués par le *Kahal*, elle devra remplir toutes les conditions qui ont été prescrites à la confrérie Schive-Kirnechime.

N° 59.

La décision monitoire.

Dans la construction de l'appartement qui donne sur la cour de la synagogue, la confrérie de Semitat-Hasodime n'a pas rempli les conditions imposées dans l'autorisation qui lui a été accordée par le *Kahal*, — ayant construit les fenêtres, dont deux donnent sur le côté où est située la maison de prière de la confrérie des funérailles, et les deux autres sur le côté où se fait la prière de la confrérie Zevah-Cedek (bouchers), ce qui est tout à fait contraire à la convention faite avec le *Kahal*. — Cependant, malgré cette contravention aux ordonnances du *Kahal*, ses membres ont décidé que le secours en argent, sans intérêt, serait maintenu à la confrérie de Semitat-Hasodime, si elle construit dans cet appartement deux autres fenêtres, donnant sur le côté Orient ; dans le cas contraire, le *Kahal* retirera le secours en argent sans intérêt à ladite confrérie.

N° 79.

Sur le procès du Kahal avec la confrérie des Artisans.

Samedi, section Bogar, 5559.

Les représentants du *Kahal* ont décidé d'arranger à l'amiable la querelle entre les artisans israélites et le *Kahal*, en payant aux premiers la somme de 200 roubles argent, pour satisfaire à toutes leurs réclamations.

N° 82.

Sur les droits des chefs de la Confrérie Sainte.

Samedi, section Bogar, 5559.

Il est accordé aux chefs actuels de la sainte confrérie des funérailles le droit que possèdent les sept élus de la ville. Pour tout ce qui concerne la confrérie sus-nommée et jusqu'à la nouvelle élection, toute décision qui sera prise aura la même force que si elle eût été prise par les sept élus de la ville.

N° 85.

Circulaire envoyé par le Kahal à toutes les confréries.

Samedi, section de 5 livres Behukataï, 5559.

Les représentants de la ville ont décidé d'envoyer à toutes les confréries une circulaire portant qu'à dater de ce jour, jusqu'à 18 Iva 5560, c'est-à-dire pendant une année entière, il est interdit de recevoir de nouveaux membres, sauf les enfants et les adolescents non mariés.

Il est, par conséquent, interdit aux chefs de ces confréries qui sont nommées pour un mois, ainsi qu'aux serviteurs, de faire des démarches pour recueillir des voix relativement à l'admission dans les confréries, à l'exception toutefois de la confrérie Semitat-Hasadime (confrérie de prêt).

X

La cérémonie juive *Alïa*. — Partage des Juifs en patriciens et plébéiens. Obligation de lire les cinq livres saints, sous peine d'être persécuté par l'Ange des ténèbres. — La loi de la Tora. — Kohen et Lévi ; Lévi et Zarodi. — Le Segan, ou Gaba, et le Samosche. — Bénédiction des bénédictions. — L'échelle des *Alïas*. — Querelles et scandales entre dévots, patriciens et plébéiens.

Faisons connaître à présent la cérémonie Alia, dans laquelle les Juifs sont partagés en patriciens et en plébéiens.

Cette cérémonie, instituée par *Ezdreche*[18] et, selon d'autres, par *Moïse* lui-même, consiste dans la lecture de cinq *Livres* saints et du Livre des Prophètes, lecture qui doit se faire pendant la prière commune[19]. Cette lecture doit se faire le lundi, le jeudi et le samedi de chaque semaine. Sur la contravention à cette règle générale, *Ezdreche* parlait ainsi : « Celui qui, dans les trois jours indiqués, n'aura pas lu les cinq Livres saints, sera persécuté par l'Ange des ténèbres (Satan). »

L'usage de lire les cinq Livres saints, ainsi que le Livre des Prophètes, a été introduit pendant la prière commune, ainsi que pendant les fêtes de la nouvelle lune et les jours maigres. L'exécution de ce devoir est prescrit par la Synagogue à tous les Juifs sans exception. A l'accomplissement dudit devoir sont astreints également le *Kohen* (officiant) et le *Lévi* (assistant)[20], ainsi que tout autre Juif.

Cette lecture ne saurait se faire autrement que selon la loi de *Tora* (un morceau de parchemin sur lequel sont écrits des psaumes et

---

18 — Kolbo, *La Règle de la lecture des cinq Livres saints* chap. xv.
19 — Talmud, *Traité de Mégile*, page xx.
20 — Jusqu'à présent, il existe chez les Juifs la distinction des classes, qui se divisent en Lévi et Zarodi.

quelques extraits de là loi du Talmud). C'est l'objet le plus sacré dans chaque synagogue. La cérémonie s'exécute de la manière suivante :

Après avoir récité la prière *Chemina Ezreï*, une personne de l'assistance ôte de *Kivot* le morceau du parchemin dont il est question, et qu'on nomme *Tora*, et le remet au chantre ou à son remplaçant. Le chantre, après l'avoir reçu avec un profond sentiment religieux, récite une courte prière et monte solennellement l'estrade. Le peuple l'entoure alors et chacun doit toucher la *Tora*. Sur l'estrade, le chantre rencontre le *Segan* ou *Gaba* (le staroste) et le *Samoche* (notaire).

Après avoir remis la *Tora* sur la table qui se trouve sur l'estrade, le chantre, à un signe que lui fait le *Gaba*, appelle tout en chantant le nom du père de celui à qui était échu, ce jour-là, l'honneur de lire le premier la prière.

Sur cette invitation, la personne désignée se lève de sa place et monte sur l'estrade ; puis, posant la main sur la *Tora*, récite la prière en ces termes : « Bénissez *Jehovah*, qui est béni ; que le béni *Jehovah* soit béni dans l'éternité ! Tu es béni, *Jehovah*, roi de la création ; toi, qui nous as élus entre tous les peuples de la terre et nous as donné des lois ! Tu es béni, grand législateur ! » Le peuple répond : *Amen*. Après quoi, commence la lecture des cinq *Livres*, et lorsqu'elle est finie, la même personne qui avait été invitée par le chantre à monter sur l'estrade répète : « Béni sois-tu, *Jehovah*, qui nous as donné les véritables lois saintes ! Béni soit *Jehovah*, le grand législateur ! »

Voilà en quoi consiste la cérémonie *Alïa*. Être invité à lire et réciter la prière signifie être élu pour monter sur le *Sinaï*, représenté dans chaque synagogue par l'estrade, d'où l'on annonce au peuple réuni les lois dictées par Dieu lui-même.

Et qu'en est-il du droit de recevoir *Alïa* ?

La première *Alïa* appartient au *Kohen* (officiant, le descendant d'Aaron) ; la *seconde* au *Levi* (assistant) ; les suivantes sont pour le peuple. En l'absence du *Kohen*, le *Lévi* prend la première ; si le *Lévi* est absent et le *Kohen* présent, celui-ci prend les deux premières. En cas d'absence du *Kohen* et du *Lévi*, leurs *Alïa* sont données aux autres personnes présentes à la prière, dans l'ordre suivant : *Talmud Hahan* (le savant interprète du Talmud), *Parnes* (les représentants de la réunion générale), qui ont le droit de s'adjuger depuis la troisième jusqu'à la sixième *Alïa*, c'est-à-dire *Chelichi* ; les autres *Alïa* appartiennent au peuple présent.

De cette manière, la cérémonie d'*Alïa* partage les fidèles de la synagogue en *patriciens* et *plébéiens* ; ce qui occasionne souvent de violentes querelles parmi cette société dévote ; car, parmi les assistants, l'un se croit offensé parce qu'il n'a pas été invité à monter sur l'estrade pour y réciter la prière et s'approcher de la *Tora* ; un autre prétend qu'il lui revenait la troisième ou quatrième *Alïa*, au lieu de la cinquième ou sixième qu'il a obtenue ; un troisième voudrait appartenir aux *patriciens*, tandis qu'on l'a relégué parmi les *plébéiens* ; ainsi de suite. Ces différentes prétentions occasionnent presque toujours des scandales, qui ne conviennent pas dans un temple, destiné à la prière sainte. Le *Kahal*, malgré son autorité reconnue par tous les Juifs et son despotisme pesant sur la vie intérieure de ses coreligionnaires, en partageant la société juive dans les synagogues en deux classes distinctes, n'a pas réussi, dans cette occasion, à assurer la discipline nécessaire.

XI

Autorité du *Kahal* dans son district. — Elle montre bien la vérité du mot de Schiller : *Les Juifs sont un État dans les États*. — Toutes les propriétés comprises dans son ressort lui forment un territoire fictif, relevant réellement de son *dominium*. — Le *Kahal* est propriétaire *in partibus* des biens soi-disant possédés par des non-juifs, il a le droit de les vendre par parcelles aux Juifs. — Tout Juif est l'homme lige de son *Kahal*. — Les Juifs n'obéissent que superficiellement aux lois du pays où ils habitent. — Machiavélisme du *Kahal*. — Le droit de *Hazaca* ou de *Meropiié*. — *Goïm* et Juif, c'est un combat pour l'existence, car le *Goïm* est comme inconsciemment livré par le *Kahal* à une araignée, à une pieuvre, à un vampire invisible. — Actes et documents qui mettent pour la première fois en évidence cette terrible vérité. — C'est en Russie, en Pologne, en Roumanie, que fonctionne surtout le monstre dévorant du *Kahal*. — La roublardise du *Kahal* juif en Russie lui a soumis, comme un docile auxiliaire, l'autorité civile de l'Empire pour le recouvrement de ses impôts religieux qui font sa force. — La pauvre veuve Broïda battue et payant l'amende : l'autorité russe sert de gendarme au *Kahal*. — Il est parvenu à se faire payer un impôt indirect même par la population chrétienne. — Il en est venu à édicter des impôts recouvrables *nonobstant opposition du gouverneur civil* de Minsk. — En un mot, il a réussi à tout fouler aux pieds et à mettre les Chrétiens eux-mêmes dans sa dépendance. — La forme effroyable du *Herem*, à la fois serment et anathème (excommunication suprême). — Prière qui suit la publication du *Herem*. — Les trois catégories du serment juif. — Répugnance des Juifs à prêter serment. — Le serment n'a d'importance peur eux qu'autant qu'il est prêté devant un tribunal juif. — Partout ailleurs, un faux serment importe peu.

Il nous nous faut examiner successivement :

1° L'autorité, du *Kahal* dans son district ;
2° Les règles prescrites par le *Kahal* relativement à la permission à accorder aux Juifs forains de demeurer dans le district ;
3° La vente aux Juifs de *Hazaka* et de Merophe ;
4° Le *Herem* chez les Juifs.

Les paroles de *Schiller* : « Les Juifs se sont constitués *en État, dans les États* » définissent et résument le tableau historique de la vie des Juifs en Égypte, il y a 3 600 ans ; lequel retrace parfaitement à son tour la vie des Juifs d'aujourd'hui...

Mais, comme un État sans territoire est quelque chose de fictif et qui échappe à la conception, les paroles du grand poète allemand pouvaient, jusqu'à ce moment, passer plutôt pour une idée poétique que pour une vérité historique.

Dans ce travail, nous rencontrerons ce territoire fictif et insaisissable, qui a fait de tout temps la convoitise du *Kahal*, et qui lui, constitue un vrai domaine... une sorte de souveraineté *théocratique*... Et c'est ainsi que les paroles de *Schiller* acquièrent la valeur d'une vérité incontestable.

Voici l'idée que nous donne la loi du *Kahal* de ce territoire considéré par les Juifs non comme fictif, mais comme réel, sous le nom de *Hezkat-Ischub*, c'est-à-dire de l'autorité que s'adjuge le *Kahal* sur les propriétés comprises dans son district.

Par la loi *Hezkat-Ischub*, l'autorité du *Kahal* s'étend au delà de toutes les règles et formes connues qui président à la conduite d'une société quelconque. Les habitants non-juifs, sur les biens, terres et propriétés desquels il a étendu son pouvoir occulte dans le district, sont considérés par les Juifs comme les habitants d'un territoire libre de toute occupation antérieure[21] composant, si nous pouvons nous exprimer ainsi, le domaine privé du *Kahal*, qui a le droit de le vendre aux Juifs par parcelles... ou bien, pour s'exprimer plus explicitement (ainsi que le fait un des plus importants interprètes de la loi du Talmud, le Rabbi *Kulun*), comme un *lac libre* dans lequel celui-là seulement peut jeter ses filets pour pêcher, à qui le *Kahal* en a vendu le droit.

Selon le *Hezkat-Ischub* : « Chaque Juif qui voudrait habiter soit une autre ville, soit faire un commerce dans le lieu de sa naissance, se placerait en vain pour cela sous la protection des lois du pays...

---

21 — Les propriétés appartenant aux non-Juifs sont assimilées à un désert (*steppe*) libre. -*Talmud-Araklat - Baba Batra*, page 59.

Il échouerait, s'il n'en obtenait pas la permission de son *Kahal*, ainsi que du *Kahal* de l'endroit où il voudrait transporter ses pénates ».

Le code des lois juives, *Hoschen-Hamischepot*, s'exprime ainsi sur ce cas : « Dans les temps présents, surtout lorsque nous sommes obligés de vivre sous la dépendance des nations chrétiennes et dans le lieu restreint où généralement sont situées les habitations juives dans les grandes villes, il pourrait arriver que, quelques troubles survenant dans la ville, un Juif, venu d'une autre localité, n'étant pas au courant des secrets de la communauté locale, dénonçât sans le vouloir des faits qui devraient être tenus cachés aux Chrétiens...

Chaque *Kahal* a le droit de fermer la porte à tout Juif étranger au district dont il est le représentant et le maître absolu. Pour arriver à ce résultat, le *Kahal* peut employer tous les moyens dont il dispose, recourir même à l'influence de l'administration locale des *Goïms*. Un séjour temporaire est permis aux marchands arrivés dans la ville, pour effectuer la vente momentanée de leur marchandise ; *mais il est défendu à tout juif de fixer sa résidence dans une ville où il n'est pas né, sans une formelle autorisation du Kahal de cette ville*. Une seule exception à cette règle existe en faveur du *Talmud Hahan* (savant interprète de la loi du Talmud), auquel il est permis de se fixer où bon lui semble. »

Par ce qui précède, on voit que les Juifs, n'obéissant que superficiellement aux lois des pays où ils habitent, sont astreints à l'obéissance passive et sans appel envers leurs gouvernements respectifs, représentés dans chaque ville par le *Kahal*.

Passons maintenant à la vente que fait le *Kahal*, au profit des Juifs, des propriétés appartenant aux non-Juifs, propriétés regardées comme un *grand lac libre*, dans lequel celui-là seul peut jeter ses filets qui en a acheté le droit du *Kahal*.

A qui n'est pas initié aux secrets ténébreux, au machiavélisme du *Kahal*, cette vente peut sembler une énigme inexplicable. — En effet, supposons que le *Kahal*, selon les attributions qu'il s'est données, vend au Juif $\mathcal{A}$ la propriété, d'un individu non-Juif $\mathcal{B}$, propriété qui, selon les lois du pays, appartient inviolablement à ce dernier. Cette vente fut faite, cela va sans dire, à l'insu et sans le consentement du véritable propriétaire. Ici se présente cette question : Quel profit peut tirer le Juif $\mathcal{A}$ du droit sur la propriété que lui a vendue le *Kahal*, droit pour lequel il a payé ? Le non-Juif $\mathcal{B}$ ne cédera pas sa propriété au Juif $\mathcal{A}$, pour cette seule raison que le *Kahal* a investi ce dernier d'un prétendu droit de propriété, et le *Kahal* de son côté n'a pas le pouvoir d'exproprier le non-Juif $\mathcal{B}$... Qu'a donc acheté le Juif $\mathcal{A}$ et pourquoi a-t-il versé à la caisse du *Kahal* le montant de l'acquisition de la propriété appartenant au non-Juif *B* ?

C'est le *Hazaka* que le Juif *A* a acheté du *Kahal*, c'est-à-dire le droit exclusif d'exploiter la propriété de l'individu *B*, c'est-à-dire de pouvoir, lui seul, louer la maison et y exercer un commerce quelconque ; de sous-louer lui seul aux autres Juifs les parties de la propriété dont il ne saurait faire l'emploi ; d'avoir le droit exclusif de *prêter à usure au propriétaire*, ainsi qu'*aux autres locataires* de la maison ; enfin, — comme le spécifie l'acte de vente, effectué par le *Kahal* au profit du Juif *A* — *d'employer tous les moyens possibles et imaginables, de se rendre le plus tôt qu'il pourra le véritable maître de la propriété dont il a acheté le droit d'exploitation*[22].

Lorsque le *Kahal* vend le droit de *Meropiié*[23], c'est-à-dire l'exploitation de l'individualité d'une personne non-juive qui ne possède point de propriété, il est dit dans l'acte de vente que l'acheteur seul a le droit de *prêter à usure* à l'individu non-juif dont l'exploitation lui a été vendue ; qu'il est défendu aux autres Juifs d'entrer, de quelque façon que ce soit, en affaire avec cet individu ; que l'acheteur seul peut et *doit inventer tous les moyens* d'embrouiller la situation de cet individu, afin de le conduire plus sûrement, et le plus vite possible, *à la ruine, voire au déshonneur ; car les propriétés des Goïms, ainsi que les Goïms eux-mêmes, sont, selon les lois juives, Hefker* (libre d'exploitation jusqu'à la ruine).

Voici les lois de *Hezhet-Ischub*, selon le Talmud, en preuve desquelles Brafmann cite, dans son *Livre sur le Kahal*, trente sept actes, et documents dont nous avons extrait et traduit les plus importants, classés sous les nᵒˢ 22, 23, 57, 77, 100, 101, 102, qui se trouveront au chapitre XII, ainsi que l'acte sous le n° 261 déjà cité au chapitre VI.

Ces actes et documents lèvent le rideau qui, depuis tant de siècles, cachait aux yeux du monde le secret impénétrable du royaume d'Israël. Ces actes et documents éclairent cette obscurité profonde dont se voile le judaïsme ; et, pour la première fois, *Heder Kahal* (la chambre de *Kahal*) sort des ténèbres souterraines et dévoile les actions de ce tribunal secret auquel, dans tous les pays et de tous temps, la population juive a été et reste aveuglément soumise.

Le grand pouvoir dont le *Kahal* s'est emparé et dont les résultats apparaissent dans les étranges ordonnances rendues par lui, — comme dans celles déjà citées précédemment et celles qui figurent à

---

22 — Voir l'acte sous le n° 261, cité au chapitre VI.
23 — *Meropiié* signifie textuellement individu non-juif.

la suite de ce chapitre et des chapitres suivants — a de quoi étonner le lecteur et doit lui paraître presque invraisemblable d'audace et d'infernal calcul.

L'exercice doue les acrobates d'une telle souplesse, que, si on ne les voyait pas à l'œuvre, l'imagination se refuserait à croire qu'on puisse en arriver là. L'exercice de la subtilité, pratiquée par le *Kahal* depuis dix-huit siècles l'a rendu tellement adroit, qu'il ne lui est pas plus difficile d'arriver à son but, en vendant à un Juif la propriété appartenant à un individu non-juif, qu'il ne lui a été difficile de cacher jusqu'à nos jours, en Russie, en Pologne, en Roumanie, c'est-à-dire partout où les Juifs pullulent, le véritable état statistique de la population juive.

Le *Kahal* s'en tient toujours à ce principe simple, mais infaillible : qu'il est plus aisé de prendre à la ligne un seul poisson à la fois, que d'avoir plusieurs hameçons à la ligne et de s'exposer ainsi à la rompre par la surcharge du poids. Aussi, poursuivant ce système de temps immémorial, il attaque toujours les individualités chrétiennes séparément, et il est arrivé, dans les provinces du nord de la Russie, en Lithuanie, en Podolie, en Volhynie et dans la Galicie, provinces où la population juive est grande, à des résultats extraordinaires... 23 pour 100 des propriétés immobilières appartiennent aujourd'hui aux Juifs dans ces provinces, où ils se sont également rendus maîtres absolus du commerce et de l'industrie.

Il arrive très rarement que l'attaque dirigée par le *Kahal*, qui est le représentant d'une corporation puissante, et qui par conséquent dispose de mystérieux moyens, contre une individualité chrétienne isolée, ne finisse pas à l'avantage de l'autorité juive. En outre, le *Kahal* ne risque jamais rien : car, en supposant même qu'un Juif, après avoir acheté du *Kahal* le droit de *Hazaka* ou de *Meropiié*, dans son impatience de dépouiller promptement ceux sur lesquels il a acquis les droits que nous avons mentionnés plus haut, emploie des moyens illégaux et par trop brusques, et tombe ainsi sous le coup de la justice du pays, le *Kahal*, même dans ce cas, lance à son secours une meute de facteurs, armés du talisman dont nous avons parlé au chapitre VI, et de faux témoins, qui peuvent, de par les lois juives, se parjurer devant les tribunaux *Goïms*. Que peut un seul Chrétien isolé dans cette guerre à outrance que lui déclare toute une population juive, représentée par le *Kahal*... sinon succomber ?

Si le *Kahal* ne rencontre, dans le rayon de son district, aucun obstacle sérieux à frapper de taxes le commerce, l'industrie et toutes les branches de la production, c'est qu'on connaît son habileté à faire payer une partie de cet impôt, d'une manière indirecte, par la population chrétienne, et à le faire rentrer dans sa caisse, bien que cela paraisse beaucoup plus difficile que d'intriguer et d'agir dans l'ombre par de ténébreux calculs ; car ici il semblerait que la voie à suivre fût moins favorable à la clandestinité. Mais le docte *Kahal* ne s'embarrasse pas pour si peu. On a vu, dans le chapitre II, de quelle manière il a su attirer dans ses filets subtils les autorités russes, et s'en est fait un auxiliaire pour la perception de l'impôt dit *impôt de la boîte*, qu'il se fait payer par les bouchers juifs, et comment cette perception a acquis force de loi russe. Nous allons citer encore un article du code russe qui fournit à l'arbitraire du *Kahal* l'occasion de percevoir à son profit maints impôts et où la législation russe agit pour et au nom du *Kahal* juif.

Ainsi, dans les codes de lois russes, chapitre v, § 10, p. 281, il est dit : « Les impôts que les Israélites doivent payer, outre celui *de la boîte*, sur le *kochère*, sont : 1° tant pour cent sur le prix des loyers d'appartements, boutiques, magasins loués aux Juifs par les propriétaires juifs ; 2° tant pour cent sur les industries qu'exercent les Juifs, telles que *a)* les débits de boissons chaudes, thé, punch, café, etc. dans les cabarets des petites villes et des campagnes ; *b)* les fermiers des distilleries ; *c)* les fermiers des verreries ; *d)* les fermiers des forges ; *e)* les fabricants de goudron ; *f)* les marchands en gros de bétail ; 3° tant pour cent sur les successions des Juifs décédés ; 4° tant pour la permission de pouvoir porter le costume national juif ; 5° tant pour amende de non-payement des impôts ci-dessus énumérés ; 6° tant pour débiter l'eau-de-vie dans les cabarets des domaines appartenant à l'État. »

Ainsi le *Kahal* en Russie est parvenu, par sa rouerie, à rendre obligatoire par le code du pays le payement des impôts par les Juifs, impôts dont il fait la répartition et dont il s'adjuge la plus grande partie. Quelques débris à peine rentrent au trésor public du pays ; car le machiavélisme que le *Kahal* emploie dans la composition de la liste des Juifs contribuables, qui sert de base pour la perception des impôts par les autorités russes, dépasse ce que pourrait imaginer le plus subtil avocat chrétien. Les Juifs de leur côté sont et doivent être soumis comme de très humbles serviteurs du *Kahal* ; car, d'un trait de plume, il pourrait ruiner ceux d'entre eux qui ne lui seraient pas soumis et qu'il traite de renégats, dans la liste qu'il confectionne. Les insoumis donc ne pourraient se réclamer des autorités civiles du pays, puisque ces autorités perçoivent les impôts chez les Juifs, selon la liste confectionnée par le *Kahal*.

Un exemple entre autres fera connaître de quelle manière le *Kahal* se conduit avec ses coreligionnaires insoumis et de quelle portée est cette phrase déjà citée : « forcer le Juif désobéissant ou renégat à rentrer dans le giron de l'obéissance passive aux lois juives, même à l'aide des *Goïms* ».

En 1866, une veuve juive nommée *Broïda* porta plainte au gouverneur de *Vilna* de ce que le *Kahal* de cette ville lui faisait payer 1 500 roubles argent (environ 6 000 fr.) pour l'enterrement de son défunt époux, sous prétexte que la confrérie des funérailles avait été obligée de surveiller le cadavre pendant cinq jours avant l'inhumation ; elle ajoutait qu'on lui avait fait signer une déclaration portant qu'elle payait cette somme énorme de sa propre volonté. Lorsque le *Kahal* apprit qu'une telle plainte avait été adressée au gouvernement, il ordonna à la plaignante de payer de nouveau 500 roubles argent, comme amende, alléguant qu'elle n'avait pas acquitté le montant de la souscription que font entre eux les Juifs riches pour libérer du service militaire leurs coreligionnaires pauvres. Les autorités russes, ne voulant ni ne pouvant se mêler des affaires intérieures des Juifs, non seulement ne purent rendre justice à la veuve *Broïda*, mais encore, se conformant aux articles du code russe qui concernent la perception des impôts des Juifs, elles durent prêter main-forte pour faire payer l'amende de 500 roubles argent à laquelle le *Kahal* avait condamné la veuve.

Outre cette grande facilité que le *Kahal* est parvenu à se créer de faire rentrer dans sa caisse, par l'intermédiaire des autorités russes, les impôts dont il surcharge les Juifs, il a encore une action indirecte, à la vérité, sur les populations chrétiennes, pour augmenter les fonds de sa caisse. Ainsi, par l'article de la loi compris dans le code russe, § 2, lettre *a*, concernant l'impôt sur les boissons chaudes, il est clair que cet impôt n'atteint pas les Juifs seuls, car ceux-ci ne vendent que de l'eau-de-vie dans les cabarets, et ce sont généralement les Chrétiens qui fournissent le thé, le punch et le café aux voyageurs qui s'arrêtent dans ces cabarets tenus par les Juifs. Une partie donc de cet impôt payé par les cabaretiers juifs au profit du *Kahal* est acquittée par les chrétiens fournisseurs de boissons chaudes.

A Vilna, et dans les principales, villes de la Lithuanie, le *Kahal*, par l'intermédiaire des autorités russes, perçoit, dans les marchés juifs, un impôt sur les provisions que vendent les marchands juifs, soi-disant seulement aux Juifs ; mais comme beaucoup de Chrétiens achètent différentes provisions chez ces marchands, nécessairement les marchands juifs font payer aux Chrétiens, en sus de la valeur réelle de la marchandise, l'impôt qu'ils doivent acquitter au profit du *Kahal*.

Il y a une vingtaine d'années, le *Kahal* de Vilna est parvenu à introduire au marché juif de cette ville la vente du poisson, vente sur laquelle il perçoit un impôt considérable. La vente du poisson qui, en principe, ne devait se faire qu'aux Juifs, a pris de telles proportions parmi la population chrétienne, qu'en 1867 la perception de l'impôt adjugé à un entrepreneur juif par les autorités russes[24] a rapporté 2700 roubles argent au *Kahal*. Ici, c'est encore la population chrétienne qui paye indirectement un impôt au *Kahal*, qui ne rencontre pas de difficultés que sa subtilité ne puisse vaincre, pour se conformer à la loi de *Hezkat-Ischub*.

On se tromperait encore si l'on croyait que le *Kahal* se contente de la faculté que lui laissent les lois russes de percevoir les impôts ci-dessus indiqués par l'intermédiaire et à l'aide des autorités locales, en se conformant strictement à ces lois. Dans le document compris sous le n° 57, qui se trouve cité parmi les autres au chapitre XII, on verra que le *Kahal*, voulant introduire à *Minsk* le même impôt qui avait déjà été introduit et perçu dans une autre ville, s'exprime ainsi à la fin de son ordonnance : « Après tout ce qui a été dit plus haut, le *Kahal* ordonne que le dit impôt sera réparti parmi les Juifs et perçu *malgré l'opposition que fait le gouverneur civil à l'introduction de cette nouvelle taxe.* »

Tout ce qui a été dit jusqu'à présent sur la loi de Hezkat-Ischub et ce qu'on verra, en parcourant les documents cités à la suite de ce chapitre, et empruntés aux ordonnances du *Kahal*, démontre clairement que l'autorité et l'arbitraire du *Kahal* dans ces questions ne s'appuient pas sur le Talmud, aux lois duquel il se conforme ponctuellement quant à la vie intérieure et privée des Juifs, mais bien sur le *Herem*, qui élève cette autorité jusqu'à la dictature ; car « qui lèse le *Herem*, dit le Talmud, lèse et offense toute la loi[25]. »

Il est facile de comprendre de quel poids pesant cette autorité dictatoriale doit écraser les Juifs eux-mêmes ; mais, d'après ce qui a été démontré, on voit que la loi de *Hezkat-Ischub* réagit encore plus et pèse davantage sur la population chrétienne, qui, au premier abord, paraît ne dépendre en rien de l'autorité arbitraire du *Kahal*.

Pour un jurisconsulte, les documents cités renferment plus d'une question intéressante. Nous recommandons ces documents à ceux

---

24 — Voir le rapport de la chancellerie du gouvernement de Vilna en date du 19 septembre 1868. N° 9381.

25 — Kolbo, § 139.

surtout qui voudraient approfondir la cause de la plainte générale qui s'élève de nos jours, partout où les Juifs pullulent, ainsi que la cause des persécutions auxquelles ils se trouvent exposés depuis dix-huit siècles.

Il est temps maintenant de faire connaître au lecteur la forme du *Herem* (anathème) dont le *Kahal* se sert quelquefois comme anathème et quelquefois comme serment, les deux significations se confondant parfois en se remplaçant l'une par l'autre.

Outre le *Herem*, il y a encore *Indouï* ou *Chamto*, serment ou anathème à un degré moindre que le *Herem*. Ainsi *Indouï* ou *Chamto* employé comme anathème signifie une exclusion temporaire de la société juive, et si, au bout de trente jours, le coupable ne s'amende pas humblement devant le *Kahal*, en avouant sa culpabilité... le *Herem* est lancé contre lui, et alors il est exclu complètement du peuple d'Israël.

La publication du *Herem* est rédigée ainsi :

« De la part des membres du *Kahal N*. — à tous les savants représentants d'*Eschubots* (établissements supérieurs d'instruction talmudique), salut !... Nous faisons savoir que le Juif *A*. — s'est emparé de l'argent qui est la propriété du Juif *B*. — et que, malgré l'ordre que nous avons signifié au premier de rendre cette somme à qui de droit, il ne l'a pas fait. Pour cette infraction à la loi juive, nous lui avons imposé l'*Indouï* ; mais, comme il ne s'est pas humilié, et a persévéré dans son forfait, nous avons lancé contre lui un *Herem*, et nous vous prions de le faire également, en publiant tous les jours que son pain n'est pas le pain d'un Juif ; que son vin est le vin de *Neseh* (païen) ; que les fruits qui lui appartiennent sont gâtés et salis ; que ses livres sont des livres de sorcellerie. — Ordonnez de lui couper le *Cice*[26] ; 1) ; arrachez de sa porte la *Mesouse*[27] ; vous ne mangerez ni ne boirez avec lui ; vous n'opérerez pas la cérémonie de la circoncision à son fils ; vous n'instruirez pas ses enfants sur les commandements de Dieu ; vous défendrez sa réception comme membre d'une confrérie ; la coupe dont il se servait devra être

---

26 — Fils qui sont attachés à la veste que porte chaque Juif en dessous de sa longue robe noire ou soutane.

27 — Un morceau oblong de bois qui est posé obliquement à l'entrée de chaque habitation juive, et sur lequel est cloué un petit rouleau de parchemin où se trouve transcrit un verset des 5 livres saints. Les Juifs attachent à ce talisman le pouvoir de chasser les esprits impurs que Satan envoie sur la terre.

nettoyée avec un grand soin... En un mot, vous le regarderez et traiterez comme on regarde et traite un *Nahri* (non-Juif)[28]. »

Voici la forme du *Herem* :

« Par la force et la puissance que la Parole sainte exerce, nous détruisons, anathématisons, abaissons, humilions et maudissons, au nom du Dieu du *Kahal*, au nom des 613 articles de la Loi divine renfermés dans les Livres saints ; par ce *Herem* dont *Jésus Narvin* maudissait la ville de *Jéricho* ; dont *Eliseï* maudissait les gamins qui le poursuivaient, lui et son domestique *Gohzi* ; dont *Bazak* maudissait *Moraz*... Par tous les anathèmes, malédictions, exécrations qui ont été proférées depuis le temps de *Moïse* jusqu'au moment actuel ; au nom de Dieu *Akatriel*, de Dieu *Sabaot* ; au nom de l'archange *Michel*, le grand guerrier ; au nom de *Metatron*, qui est appelé ainsi par son *Rabbi* (Dieu) ; au nom de *Saldanfons*, qui tresse les guirlandes pour son *Rabbi* (Dieu) ; au nom de ce Dieu, dont le nom est tracé par 42 lettres ; au nom de ce Dieu qui s'est montré dans le buisson à *Moïse* ; au nom de ce Dieu qui a permis à *Moïse* de faire le miracle de dessécher la Mer Rouge pour que le peuple d'Israël puisse passer... ; au nom d'*Ee*, par la secrète puissance du nom de Dieu ; par la puissance qui a écrit les tables de la loi divine ; au nom du Dieu d'Israël, qui est assis sur les chérubins ; au nom du saint char et de tous ceux qui sont assis sur ce char au ciel ; au nom de tous les anges et archanges, habitants célestes qui servent Dieu... Tout fils ou fille du peuple d'Israël qui porterait atteinte à cette disposition :

« Qu'il soit maudit par le Dieu d'Israël, qui est assis sur les archanges, habitants du ciel ; qu'il soit maudit par le saint et terrible nom de Dieu, nom qui sera proclamé, par Archi Rabbin le jour du dernier jugement ; qu'il soit maudit par le ciel et la terre ; qu'il soit maudit par la puissance surnaturelle ; qu'il soit maudit par l'archange *Michel*, grand chef guerrier ; qu'il soit maudit par *Metatrone*, qui est marqué par le nom de son *Rabbi* (Dieu) ; qu'il soit maudit par Dieu *Arkantriel*, Dieu *Sabaot* ; qu'il soit maudit par tous les séraphins, tous les anges et archanges qui servent Dieu et qui sont assis au ciel sur le char !

« S'il est né au mois de *Nisan*, pendant lequel règne l'archange *Uriel*, qu'il soit maudit par cet archange et par tous les anges qui lui sont soumis !

---

28 — Schaari, *Cedek*, t. I, chap. IV, § 14, Tesehoubat-Gagonine-Maïmonide, § 142.

« S'il est, né au mois d'*Aoïra*, pendant lequel règne l'archange *Capmül*, qu'il soit maudit par cet archange et par tous les anges qui lui sont soumis !

« S'il est né au mois de *Sivon*, pendant lequel règne l'archange *Aruriel*, qu'il soit maudit par cet archange et par tous les anges qui lui sont soumis !

« S'il est né au mois *Tamuch*, pendant lequel règne l'archange *Peniel*, qu'il soit maudit par cet archange et par tous les anges qui lui sont soumis !

« S'il est né au mois d'*Abbo*, pendant lequel règne l'archange *Barkiel*, qu'il soit maudit par cet archange et par tous les anges qui lui sont soumis !

« S'il est né au mois d'*Elul*, pendant lequel règne l'archange *Elul*, qu'il soit maudit par cet archange et par tous les anges qui lui sont soumis !

« S'il est né au mois de *Fischre*, pendant lequel règne l'archange *Curiel*, qu'il soit maudit par cet archange et par tous les anges qui lui sont soumis !

« S'il est né au mois de *Herschvon* pendant lequel règne l'archange *Baschkiel*, qu'il soit maudit par cet archange et par tous les anges qui lui sont soumis !

« S'il est né au mois de *Kislov*, pendant lequel règne l'archange *Adouniel*, qu'il soit maudit par cet archange et par tous les anges qui lui sont soumis !

« S'il est né au mois de *Teïvet*, pendant lequel règne l'archange *Enoël*, qu'il soit maudit par cet archange et par tous les anges qui lui sont soumis !

« S'il est né au mois de *Schvat*, pendant lequel règne l'archange *Gabriel*, qu'il soit maudit par cet archange et par tous les anges qui lui sont soumis !

« S'il est né au mois d'*Adore*, pendant lequel règne l'archange *Rumiel*, qu'il soit maudit par cet archange et par tous les anges qui lui sont soumis !

« Qu'il soit maudit par les sept archanges qui régissent les sept jours de la semaine et par tous les anges ; qu'il soit maudit par les quatre archanges qui régissent les quatre saisons de l'année, ainsi que par tous les anges ; qu'il soit maudit par les sept sanctuaires du Temple ; qu'il soit maudit par les lois divines qui régissent depuis le commencement du monde les couronnes et les sceaux ; qu'il soit maudit par les livres de Dieu tout-puissant, fort et terrible ! Que tous les malheurs se hâtent de le persécuter. Grand Dieu ! punis-le ;

grand Dieu créateur, abîme-le, massacre-le et humilie-le ! Que la colère de Dieu s'étende, avec toute son horreur, sur sa tête. Que tous les diables aillent à sa rencontre, qu'il soit maudit partout où il tournera ses pas, que son âme le quitte soudainement. Que la mort impure le frappe et qu'il ne vive pas un mois. Que Dieu le punisse par la phtisie, fluxion de poitrine, la folie et le glaive, par la dartre et la jaunisse. Qu'il perce sa poitrine de son propre glaive et que ses flèches se brisent. Que son voyage soit toujours semé de malheurs et d'accidents de toute sorte. Qu'il rencontre une obscurité profonde, et au bout le désespoir. Qu'il soit chassé du royaume de la lumière et précipité dans le royaume des ténèbres. Que les malheurs et le désespoir le rongent. De ses propres yeux, il verra tous les revers le frapper coup sur coup. Il s'enveloppera de l'anathème qui pèsera sur lui, comme d'une robe. Il se détruira lui-même et Dieu tout-puissant le détruira. Dieu ne lui pardonnera jamais, au contraire ; il le punira, sa colère et sa vengeance tomberont sur lui et s'imprégneront dans tout son corps. Son nom sera effacé de l'espace situé dans les hauteurs des cieux. Il sera à jamais exilé pour l'éternité par tous les descendants d'Israël, selon l'anathème écrit dans les lois divines. Quant à vous tous qui tenez à Dieu, vivez heureux et que Dieu vous bénisse ! »

Voici *la prière après la publication du HEREM* :

« Que celui qui avait béni nos ancêtres : Abraham, Israël, Jacob, Moïse, Aaron, David, Salomon et les prophètes d'Israël et les justes, fasse descendre la bénédiction sur cette ville et sur toutes les autres villes, à l'exception de celui qui viole ce *Herem*. Que Dieu veuille, dans sa miséricorde, protéger tous ceux qui lui sont fidèles et protéger leurs temps et jours le plus longtemps possible. Que Dieu bénisse toutes les œuvres de leurs mains et qu'il les affranchisse avec tous leurs frères en Israël ; que sa sainte volonté s'accomplisse ! *Amen*[29]. »

Ce qui concerne *le serment chez les Juifs* est très important à connaître. Le Talmud partage le serment en trois catégories :

1° *Chebna-Deeraïta*, serment qu'on fait prêter selon la loi de Moïse.
2° *Chebnat-Geset*, serment prescrit par Talmud.
3° *Setam-Herem*, investigation du coupable en le menaçant du *Herem*[30].

---

29 — Kolbo, *Règles sur le Herem*, § 139.
30 — Hoschen-Hamischpot-Meirat-Eliaim, ch. LXV, p. 6, et

Il faut observer que les Juifs regardent le serment comme un acte d'une haute gravité, lorsqu'il est exigé par l'autorité judiciaire juive, et ils professent surtout un très grand respect pour les deux premières catégories du serment, dont ils ont un effroi énorme[31].

Ce respect et cet effroi sont poussés à un tel point, qu'un Juif dont la conduite a toujours été irréprochable est déjà très mal vu parmi la société juive, s'il a été seulement une fois forcé de prêter serment devant le tribunal judiciaire juif. Il perd la confiance de ses coreligionnaires et on l'évite comme un lépreux.

En considérant donc la grande importance que les Juifs attribuent au serment, il n'est pas étonnant qu'une grande partie préfèrent supporter des pertes, même considérables, que d'être forcés de prêter serment par l'ordre de *Bet-Dine*. Aussi est-ce à cause de cela que la troisième catégorie du serment, *Sétam-Herem*, est surtout en usage et a lieu devant les tribunaux juifs.

Cette grande signification que les Juifs prêtent au serment serait une chose consolante et tranquilliserait les Chrétiens parmi lesquels vivent les innombrables populations juives, si réellement les Juifs la conservaient intacte et lui donnaient en tous cas et devant tous les tribunaux le même sens... Mais, malheureusement pour les Chrétiens qui ont des affaires avec les Juifs (et ce cas se présente fréquemment), le serment que les Juifs sont appelés à prêter devant les tribunaux chrétiens est considéré par eux comme une simple formalité, qui n'a rien de commun avec leur conscience, et pourvu que le bien général d'Israël en résulte, chaque Juif peut commettre devant les autorités chrétiennes ou musulmanes autant de faux serments qu'il lui plait.

Pour compléter les citations des renseignements sur le serment chez les Juifs, nous ajouterons encore un passage de Maïmonide, dans lequel est raconté tout ce qu'on débite pendant la cérémonie du serment, en lui conservant, toute son originalité.

« Nous avons entendu, que dans votre ville il y a des personnes qui font prêter serment aux autres à tout moment, et qu'il y en a d'autres qui, à chaque instant, sont capables de le faire. Les uns et les autres agissent très mal, car ils se préparent un inévitable châtiment. La punition pour un faux serment est très grande, quand même on

---

Feschubot-Haramileum, § 229.

31 — *(note de Lenculus)*. Exigeons le serment *More Judaïco*, lors des jugements opposant *goyms* contre hébraïque ; — sans cette disposition il nous faut considérer tout Juif déposant en justice comme étant présumé parjure jusqu'à preuve du contraire.

ne ferait tort à quelqu'un que pour un centime : - Si vous voulez imposer à quelqu'un le serment, ôtez le morceau du parchemin qui est cloué sur *Mesouse*, dépliez-le et montrez le passage de la loi sainte qui y est inscrit ; apportez la civière sur laquelle on transporte les morts et couvrez-la du linceul dont on les couvre ; apportez le cor sur lequel on trompette le jour du nouvel an ; faites venir les enfants du collège, apportez les vessies, et jetez-les devant la civière. » — Ici, *Bet-Dine* doit répéter à celui qui prête serment que, demain, il sera jeté devant la civière comme les vessies. — « Allumez les chandelles, apportez de la terre et mettez sur cette terre celui qui prête serment, sonnez du cor et dites-lui à haute voix ces paroles : « Si tu fais le faux serment, tous les anathèmes renfermés dans la loi divine tomberont sur toi. »

Après, on lit la formule du *Herem*, et lorsqu'on l'a finie, on sonne du cor ; et tout le monde, même les petits enfants, répètent : *Amen*[32].

---

32 — *Cheake-Cedek*, vol. V, chap. IV, § 14, Teschoubot-Gagonine et Maïmonide, § 142.

XII

Documents traduits du *Livre sur le Kahal* et démontrant la
vérité de ce qui vient d'être dite.

*V*oici les documents, extraits et traduits du *Livre sur le Kahal*, que nous avons annoncés en nous appuyant sur leur texte :

N° 22.
*Débats entre le Kahal et un particulier
sur le droit d'exploitation d'une place.*

Mercredi, section de 5 livres, Vorah.

Par suite de la protestation faite par les représentants du *Kahal*, contre le nommé Eléazar, fils d'Efraïm, relativement à l'exploitation de la place et des bâtiments y situés, le tout appartenant au chrétien Zwanski, pelletier de son état, il a été décidé, à la séance générale tenue par les membres du *Kahal* au complet, qu'il faut déléguer deux *toanimes* (avocats) qui devront plaider devant le *Bet-Dine* et défendre la cause et les droits du *Kahal*.

N° 23.
*Décret du Bet-Dine rendu dans la cause du Kahal
contre Eléazar, fils d'Efraïm.*

Les avocats du *Kahal* ont soutenu que précédemment déjà la question du droit d'exploitation de la propriété dont il s'agit avait été débattue, et qu'il avait été décidé que la moitié des bâtiments, ainsi qu'une partie de la cour (de la superficie de douze sagènes[33]) était adjugée et vendue à Isaak, fils de Ber ; et l'autre moitié seulement,

---

33 — *(note de Lenculus)*. La sagène (ou sajène ; en russe : сажень) est une ancienne unité de mesure russe.
Elle équivalait à 3 *archines*, ou encore à 12 *tchetvertis*.
Depuis un oukase de Nicolas Ier du 11 octobre 1835, la longueur de la sagène a été fixée à 7 pieds anglais (6 pieds français), soit sensiblement 2,1336 mètres.

avec la partie de la cour située sur le derrière, fut laissée au nommé Eléazar, fils d'Efraïm ; que ce dernier possède l'acte de vente en date, du 28 Sivan 5518, dans lequel, parmi les sept représentants de la ville qui avaient signé cet acte en faveur du défunt père d'Eléazar, se trouve la signature de Meer, fils de Joseph, lequel était parent de deux autres représentants de la ville ; qu'en conséquence cet acte de vente effectué en faveur du défunt père d'Eléazar n'était pas légalement fait, puisque au lieu de sept représentants il n'y en avait que six, qui ont signé légalement, puisque la signature de Meer comme parent de deux autres n'était pas valable. Par ces motifs donc, le *Kahal* proteste contre le droit d'exploitation qu'exerce Eléazar, sur toute la propriété y compris la cour, en qualité de successeur de son père, auquel ce droit avait été illégalement vendu, comme il a été démontré plus haut.

De son côté Eléazar a soutenu que la signature de Meer, fils de Joseph, peut parfaitement ne point appartenir à celui qui était parent de deux autres représentants, signataires de l'acte de vente, puisque cet acte date de l'année 5518, tandis qu'on était en 5560. Depuis cette époque, beaucoup de personnes dont il était question sont mortes ; qu'il est encore possible que dans ce temps-là la parenté aux degrés éloignés ne faisait point obstacle à la validité de l'acte ; que puisque, sur l'acte de vente en question, se trouvent les signatures des sept représentants de la ville exigées par la loi de Talmud, lui, Eléazar, comme successeur de son père, doit jouir légalement du droit qu'il réclame.

L'infaillible et saint *Bet-Dine*, après avoir entendu les deux parties adverses, a décrété ce qui suit :

« Si Eléazar, fils d'Efraïm, cité par le *Kahal* devant notre tribunal, prouve 1° que le représentant Meer, fils de Joseph, qui avait signé l'acte de vente, en question, n'était pas celui qui avait deux parents parmi les autres représentants signataires ; ou 2° que les usages de ces temps-là permettaient d'apposer les signatures même des parents sur un acte de vente ; ou 3° que les signatures des sept représentants de la ville étaient, par n'importe quel motif, valables et légales, la droit d'exploitation de la propriété dont il s'agit lui appartiendra complètement. Mais, en attendant, ce droit appartient au *Kahal*, qui peut le vendre à un nouvel acquéreur, auquel serviront toutes les prérogatives que le *Kahal* accorde dans ce genre d'affaires.

Ce mardi 6 Tamuch 5560.

Signé par nous tous, membres de l'infaillible et saint *Bet-Dine*...[34]

---

34 — En conséquence de ce décret de *Bet-Dine*, le droit d'exploitation de

N° 57.

De l'impôt sur le commerce, décrété par le Kahal

Jeudi 5ᵉ, jour de la semaine de Pâque 5558.

A cause des grandes dépenses que le *Kahal* a été obligé de faire dans ces derniers temps, dépenses dont il ne peut pas rendre compte, et par conséquent par suite du manque d'argent pour acquitter les arriérés d'impôts qu'on doit payer pour ceux qui sont pauvres, les membres du *Kahal* ont décidé qu'il sera perçu un nouvel impôt sur le commerce, calculé sur la même base que celui qui a été institué par le *Kahal* de la ville de Sklow, sans aucune variation dans le mode de perception. On doit commencer à payer cet impôt depuis le 1ᵉʳ Iva prochain. Quant à la somme de 12 000 roubles argent qu'on doit verser actuellement à la caisse de l'État, le *Kahal* choisira cinq membres parmi les notabilités juives de la ville, pour régler la répartition parmi les habitants, qui devront payer cette cotisation extraordinaire, afin de compléter ce qui manque. On doit en outre ramasser 800 roubles argent pour compléter le déficit qui se trouve dans la caisse du *Kahal*. La somme que chaque imposé versera pour la susdite cotisation sera considérée comme un acompte sur l'impôt dit *impôt de la boîte*...

Si le gouverneur civil de la ville de Minsk n'approuve pas ce nouvel impôt, les membres du *Kahal* chargent les répartiteurs de le percevoir, malgré l'opposition du gouverneur.

N° 77.

De la vente du droit d'exploitation des magasins du
chrétien Baïkoff
au juif Johel-Mihel, fils d'Aaron

Samedi, section Emor 5559.

Conformément à la décision des représentants de la ville, il a été vendu à Johel-Mihel, fils d'Aaron, le droit d'exploitation de deux magasins bâtis en pierre, appartenant au Chrétien Baïkoff, qui sont situés sur le haut plateau de la ville. La porte cochère y attenant, ainsi que les caves et le premier étage, c'est-à-dire tout l'espace depuis le centre de la terre jusqu'aux nuages du ciel, est aussi compris dans cet acte de vente. L'acte de vente régulier et selon toute forme voulue sera dressé par le *Kahal*, approuvé par le saint *Bet-Dine* et remis entre les mains du susdit Johel-Mihel, fils d'Aaron, qui doit, pour

---

la place et des bâtiments y situés a été vendu par le *Kahal* pour 11 ducats à Isaac, fils de Ber, en laissant une partie de la cour d'une maison à Éléazar.

cela, verser à la caisse du *Kahal* la somme de 200 roubles argent. Le tout doit être exécuté sans publication préalable.

N° 100.
La forme de l'acte de vente remis à Abel, fils de Meer

À la réunion générale tenue dans la chambre du *Kahal*, à laquelle assistaient les sept représentants de la ville et les membres du *Kahal* au grand complet, il a été décidé que le droit d'exploitation des magasins et de la maison avec ses dépendances, ainsi que la facilité du passage par la cour, c'est-à-dire tout l'espace compris entre le centre de la terre et les plus hauts nuages du ciel, le tout appartenant au chrétien *Kister*, est vendu à *Abel*, fils de *Meer*, à ses descendants ou représentants pour les temps éternels, ne laissant pas la moindre parcelle dudit droit au pouvoir du *Kahal*. Et comme ledit Abel, fils de Meer, a versé déjà dans la caisse du *Kahal*, le montant de cette vente, dès ce moment ledit droit d'exploitation lui appartient entièrement, ainsi qu'à ses descendants ou ayant droits, inaltérablement et exclusivement, sans que personne puisse y porter atteinte.

Lui seul, ses descendants ou ayant droits pourront revendre, donner, échanger, remettre comme dot, enfin faire ce qui leur plaira et agir absolument, ainsi qu'un propriétaire a le droit de le faire avec l'objet qui lui appartient.

Si le propriétaire *Kister* démolissait les bâtiments qui existent actuellement, et en rebâtissait à leur place d'autres plus grands ou plus petits, l'acquéreur aurait encore le même droit sur les bâtisses nouvellement construites. Et lorsque *Abel*, fils de *Meer*, ses descendants ou ses ayant droit, deviendront les véritables propriétaires de ces établissements et magasins, par un contrat d'achat en forme, ils auront le droit de démolir, rebâtir et changer la disposition des locaux, vendre en totalité ou en partie, enfin faire tout ce qui leur semblera convenable, sans demander une nouvelle permission ou autorisation du *Kahal*.

Si un malveillant osait contester ces droits à *Abel*, fils de *Meer*, ses successeurs ou ses représentants, le *Kahal*, le saint *Bet-Dine* et les sept représentants de la ville doivent le défendre de toute leur force et pouvoir. - Il sera également du devoir du *Kahal* d'*annuler* toute contestation qui pourrait s'élever contre *Abel*, fils de *Meer*, ses descendants ou ayant droit, afin de ne point les inquiéter, et leur assurer pour l'éternité le droit des possesseurs légaux. Toutes les pertes que pourraient occasionner les réclamations de ceux qui voudraient contester la possession légale du droit, qui dès ce moment appartient exclusivement à *Abel*, fils de *Meer*, ses successeurs ou ses représentants, devront être supportées par la caisse du *Kahal*, et aucun *Kahal* d'une autre ville n'appuiera de pareilles réclamations ; au contraire il devra prendre la défense des intérêts dudit *Abel*, fils de *Meer*, de ses descendants ou de ses ayant droit. Les membres du *Kahal* au grand complet, et les sept représentants de la ville, ayant agi dans la plénitude de leurs attributions et fonctions, sans qu'il y ait besoin d'appliquer à cette vente l'usage et la loi du *Kabolat-Kinion*[35], ont unanimement décidé et approuvé la vente ci-dessus énoncée en apposant leur signature.

N° 101.
Approbation de l'acte précédent par
les Samoches Venemines (notaires de la ville)

Nous soussignés, notaires de la commune juive, certifions, par le présent acte, que la vente effectuée par le *Kahal* en faveur du riche *Abel*, fils de *Meer*, ses descendants ou ses ayant droit, faite à la réunion générale avec l'assentiment de Schiva-Touveï-Gaïr (les sept représentants et chefs de la ville), a été rédigée et réglée selon les saintes lois, et que le *Kahal*, en accomplissant une pareille vente, n'est pas dans la nécessité d'invoquer les usages de la loi *Kabolat-Kinion*.

Ce lundi le 26 Nisan 5560.

(Suivent les deux signatures.)

N° 102.
Approbation de ce même acte par le saint Bet-Dine

En parcourant l'acte de vente effectué par le *Kahal* dans la réunion générale, avec l'assentiment et la signature des représentants et chefs de la ville, dont les signatures ont été légalisées par les deux *Samoches* Venemines, en faveur du riche *Abel*, fils de *Meer*, ses descendants ou ses ayant droits, le saint *Bet-Dine* reconnaît que ledit acte a été disposé et réglé selon toutes conditions, clauses et points prescrits par la sainte loi de *Tora*. Et quoique les décisions du *Kahal* ne soient susceptibles d'aucun contrôle et n'aient point besoin d'approbation de qui que ce soit, surtout si les signatures de ses membres sont légalisées par deux notaires de la ville,... cependant,

---

35 — Voir ci-après l'explication de la loi du *Kabolat-Kinion* au chapitre XVII.

pour donner plus de poids et de valeur à l'acte de vente dont il s'agit, nous, membres du saint *Bet-Dine*, l'approuvons et l'affirmons pleinement, afin de garantir la possession du droit d'exploitation de la propriété, appartenant au Chrétien *Kister*, pour le temps éternel au riche *Abel*, fils de *Meer*, à ses descendants ou à ses ayant droits.

En foi de quoi, nous signons à Minsk, 26 Nisan 5560.

RABBI GAON et quatre juges du saint tribunal *Bet-Dine*.

XIII

La fête du *Rosch Haschana* (*la nouvelle année*) et la cérémonie de *Fekiel-Chofère* (*du Son du cor*). — Le Rosch-Haschana n'a guère de raison d'être depuis la chute du temple de Jérusalem, puisque c'était un jour de triomphe. — Les adroits meneurs d'Israël y ont substitué *Moussaphe*, service de synagogue, service funèbre, de pleurs, de cris, de lamentations. — La maigre sonnerie du cor (du cor de chasse) n'ajoute rien à la solennité pénible de ce jour-là. — Toutes les exégèses de la docte Cabale n'en peuvent mais — on n'ose pas réformer... et pour cause. — Document.

Il s'agit maintenant de la fête de *Rosch Haschana* (*la Nouvelle Année*) *et de la cérémonie du Son du cor.*

Les Juifs fêtent le *Rosch Haschana*, dans la journée indiquée déjà par *Moïse*, le premier jour de *Siechry* (correspondant aux premiers jours du mois de septembre).

Bien qu'après la chute du Temple de Jérusalem la fête de *Rosch Haschana* ait complètement perdu son ancien caractère extérieur et intérieur, cependant cette fête a gardé tout son ancien prestige comme influence sur la conservation et le développement de la vie nationale des Juifs.

Sans doute, si l'on compare le jour de *Rosch Haschana* du temps de l'existence du Temple de Jérusalem, avec celui du présent on trouve la même différence qu'entre la gloire et la honte, entre le triomphe et l'humiliation.

Dans ce temps-là, ce jour, selon sa signification même, était pour tout le peuple d'Israël un jour de grand triomphe. Le Temple retentissant des chants des lévites, accompagnés des joyeux sons de la trompette, ouvrait, par le jour de *Rosch Haschana*, la période des dix jours pendant lesquels le peuple, le sacerdoce et le Temple lui-même se purifiaient et se préparaient à un majestueux triomphe, à ce moment solennel où le grand-prêtre, venu, avec les holocaustes purifiants, au Temple des Temples, apportait au peuple à son retour l'oubli et le pardon de *Jéhovah*. A l'arrivée de ce jour tant désiré et tant attendu, où l'espérance d'obtenir le pardon de l'Invisible *Jéhovah* illuminait les yeux du peuple d'Israël prosterné, le grand-prêtre offrait, pendant le sacrifice, les adieux de tout le peuple à l'année écoulée, avec toutes ses souffrances et tous ses malheurs, et saluait la nouvelle, qui recelait dans son sein les bénédictions et les grâces que Dieu devait répandre sur son peuple élu.

Par cette interprétation des pensées et de la cérémonie extérieure pendant le jour de *Rosch Haschana*, il est clair que ce jour devait être, pour les Juifs, un jour d'espérance et de triomphe.

A présent, tout a changé, tout s'est assombri. Actuellement *Rosch Haschana* est un jour de tristesse, de pleurs et d'affliction. La cause de ce changement est visible ; la nation, qui a perdu son indépendance et son autonomie, ressemble à un homme maladif qui, en présence même du danger résultant de ce bouleversement, ne voudrait pas cependant se résigner à se croire incurable et ne pourrait envisager l'idée noire et désespérante de la mort. La nation qui se trouve dans cette situation a besoin de bercer son imagination d'une espérance qui rafraîchisse les idées, ne fût-ce que par des rêves d'avenir et par des illusions.

Au moment fatal, lorsque les lauriers ornent déjà la tête du vainqueur, l'espérance, cette dernière amie du vaincu et de l'opprimé, le soutient encore, en le confirmant dans cette pensée que, puisqu'il n'a point réussi dans les entreprises de ce bas monde, il sera consolé par cette puissance du monde inconnu, vers lequel tout malheureux, dans sa détresse, élève ses regards.

Dans cette exaltation, les idées patriotiques de la nation se marient et se confondent complètement avec les idées religieuses, car ces sentiments ne sont pas inspirés par les intérêts matériels et les passions de la terre, mais ils sont réchauffés par des rayons brûlants qui descendent d'un monde inconnu sur l'imagination travaillée par l'idée religieuse.

Alors la résurrection de la nationalité, le retour aux usages, à la liberté perdue, occupent la première place dans les aspirations du peuple anéanti. Pour soutenir cet indélébile sentiment, sans lequel la régénération nationale ne serait qu'une fiction, se forme une littérature lyrique, légendaire, traditionnelle, mystique et patriotique, poussée à la plus haute exaltation, et qui a pour but d'entretenir le feu sacré de l'amour de la patrie perdue. — Il est tout naturel que ces chants patriotiques, qui font vibrer la corde la plus sensible de la vie nationale, inspirent une grande admiration chez tout peuple malheureux et revêtent le caractère de l'inspiration surnaturelle ; mais c'est chez les Juifs seuls que ces hymnes et ces chants patriotiques font partie intégrale de la liturgie et occupent une place importante dans les livres de prières, ainsi que dans les cérémonies religieuses.

Selon la loi de Moise, il n'était point permis de célébrer l'office divin hors du Temple et hors de Jérusalem. Par ce motif, il s'est produit une certaine interruption dans la vie spirituelle d'Israël. Avec la chute du Temple de Jérusalem, le service divin subit un certain temps d'interruption. Les adroits meneurs du peuple d'Israël, qui (comme l'histoire nous l'apprend) avaient toujours pour but la résurrection de la nationalité juive, profitèrent de cette interruption du service divin pour y substituer *Moussaphe*, c'est-à-dire le service de la Synagogue. Ce service est composé en grande partie d'hymnes patriotiques, dans lesquels sont racontés et peints d'une manière désespérée, qui déchire les cœurs des fidèles, ces jours sombres, hideux et tristes, de la chute du Temple de Jérusalem, de l'exil, de la persécution, des tortures de toute sorte, de la mort.

Grâce à ce moyen artificiel, qui avait pour but de perpétuer les idées patriotiques chez les Juifs, les paroles de quelques prophètes d'Israël : « Et ces fêtes seront changées en des jours de pleurs et de désespoir » se sont accomplies[36] ; et cette prophétie s'est adaptée parfaitement à la célébration actuelle de la fête de *Rosch Haschana*.

Comme ce jour de la nouvelle année est en même temps le commencement de la période des dix jours, pendant lesquels le peuple d'Israël doit exécuter sa purification, les pleurs, les cris et les lamentations qu'excite le service *Moussaphe*, par cette exaltation de l'âme, ne cessent pas. Tout cela est rehaussé encore par la pénible impression que produit la cérémonie de *Fekiel-Chofère*, la sonnerie du cor prescrite par le Talmud.

Selon la conviction des savants interprètes du Talmud, la cérémonie de *Fekiel-Chofère*[37] avait été instituée en mémoire de ces paroles de *Moïse* : « Et ce jour sera pour vous le jour où l'on sonnera du cor » ; et les cabalistiques lunettes des savants interprètes soutiennent encore que le jour de *Rosch Haschana* qui commence par la cérémonie de *Fekiel-Chofère*, le *Grand Jéhovah* sera assis sur son trône de justice, et pesant en toute impartialité les actions des mortels, décrétera les récompenses et les punitions que chacun d'eux aura méritées ;... qui doit vivre encore, et qui

---

36 — Âmes, ch. VIII, pages 10 à 12.

37 — Le jour où on sonne du cor.

doit mourir immédiatement ;... qui à temps, prématurément ;... qui par l'eau, qui par le feu... Tout cela sera décrété, en détail, le jour de *Rosch Haschana*. A ce jugement assisteront, d'un côté, les défenseurs d'Israël, connus sous les noms de *Bèlatrone, Hasenhach, Hatzpatzious*, etc. ... et, du côté opposé, *Satan*, avec le compte rendu des actions commises par les victimes qui se sont laissées entraîner par ses subterfuges, et qui sont tombées dans les filets dressés par l'enfer... Et le son de la trompette vivifiera pendant ce temps les défenseurs d'Israël, tandis qu'il terrifiera *Satan*, cet ennemi mortel d'Israël.

Bien que cette citation soit confirmée par plusieurs passages du Talmud Zoora, le bon sens suffit pour en réduire à néant l'orthodoxie. Quiconque, en effet, a eu l'occasion d'assister à cette cérémonie, ne peut concevoir comment le son du cor, qui retentit comme dans une chasse, pourrait avoir une si haute signification spirituelle chez les Juifs.

Le 47ᵉ psaume, qui est lu sept fois de suite au peuple d'Israël pendant qu'on sonne du cor, pourrait prêter à une plus exacte interprétation de cette cérémonie : « Battez des mains en signe d'allégresse ! Car le puissant terrible *Jéhovah*, grand dominateur du monde, soumettra à votre autorité toutes les nations et toutes les races humaines, en les jetant sous vos pieds... Il recherchera et choisira votre héritage, c'est-à-dire l'orgueil de Jacob, qu'il a tant aimé depuis des siècles, et alors s'élèvera la voix de Dieu ! [38] » Les Juifs considèrent ce psaume, non seulement comme une prière [39], mais aussi comme une prophétie significative de l'accomplissement des promesses de Dieu envers son peuple élu.

Le sens de cette prophétie, qui est récitée sept fois de suite devant le peuple d'Israël, avec accompagnement du cor et au milieu des pleurs et des lamentations déchirantes des auditeurs, donne beaucoup mieux la raison d'être de la cérémonie de *Fekiel-Schofère*, que le brouillard qui enveloppe le texte du Talmud et de la Cabale. Dans ce sens, la cérémonie obligatoire pour chaque Juif présente comme la quintessence de l'hymne sublime, patriotique, par laquelle les représentants du peuple d'Israël ouvraient la fête du *Rosch Haschana* et le commencement de la période des dix jours de l'expiation des péchés [40].

---

38 — IVᵉ livre de *Moïse*, ch. XXIX, page 1.
39 — La prière *Unsane-Toket*.
40 — Pour confirmer la signification que nous donnons à la cérémonie de *Fekiel-Schofère*, nous rappellerons que le jour du jugement, qui, chez

Il est certain que la signification primitive *Fekiel-Schofère* s'est sensiblement modifiée jusqu'à nos jours, et cependant l'influence qu'exerce cette cérémonie sur l'esprit et les sentiments des Juifs est restée très grande.

Après la chute de Jérusalem, *Fekiel-Schofère* servait d'excitation patriotique aux chefs d'Israël pour précipiter la population juive dans les continuelles révoltes qui furent la cause de son exil en Palestine, après la fatale insurrection sous le commandement de *Barkhoba*, pendant le règne de l'empereur Adrien.

Aujourd'hui la cérémonie de *Fekiel-Schofère* rend plus sombre encore, en l'exaltant, le tableau déjà assez désolant de la journée de *Rosch Haschana* et entretient parmi les Juifs ce préjugé que les adroits meneurs du peuple d'Israël y ont introduit depuis des siècles, de se tenir à l'écart pour être séparé du reste de l'humanité, autant par sa religion que par ses mœurs et ses usages[41].

Après tout ce qui a été dit à ce sujet, il sera facile de comprendre pourquoi la loi du Talmud avait élevé la cérémonie du Fekiel-Chofar au rang des cérémonies au plus haut point obligatoires pour tout Juif, et pourquoi le *Kahal* exerce un si strict contrôle sur les synagogues et autres maisons juives où sont récitées les prières pendant la fête de Roch hachanah et la période des dix jours qui suit cette journée.

---

les Juifs, commence dans la soirée du dernier jour de la période de la purification, se termine aussi par la cérémonie de *Fekiel-Schofère*, accompagnée des mots : «*Lechana gabaa Biruchelaim* (que nous soyons l'année prochaine à Jérusalem)». On voit par là que ce signal est resté le même signal patriotique.

41 — Les réunions de plusieurs rabbins éclairés, qui eurent lieu, en 1869, à *Cassel* et à *Leipzig*, avaient pour but de faire rayer des livres de prières juives toutes les citations qui parlent de la venue du Messie et du retour des Juifs à Jérusalem. Ils soutenaient avec raison, qu'avec ces citations qui excitent et exaltent leurs coreligionnaires, il sera très difficile et même impossible à tout Juif d'acquérir le sentiment d'un véritable habitant du pays où il est né, de le cultiver et d'en devenir un vrai citoyen : aussi bien, qu'on ne pourrait lui faire perdre ces préjugés invétérés et si profondément enracinés contre toute religion qui n'est pas la sienne.

Le parti adverse soutenait, et avec autant de raison à son point de vue, qu'en accomplissant ces réformes l'existence et la raison d'être du peuple d'Israël cesse dès ce moment. De très curieux détails ont été publiés sur cette intéressante discussion dans les journaux israélites *Camaguide* et *Libanon*. Les articles du docteur *Gordon* sont surtout remarquables, n°s 31 et 33 du *Camaguide*, 1869.

Voici le document classé sous le n° 30 dans le *Livre sur le Kahal* de Brafmann :

N° 30.
Sur la défense de réciter des prières pendant le jour de Rosch-Haschana, dans les maisons particulières.

Samedi, section de 5 livres, Kito 5557.

Le *Kahal* décide qu'il sera publié dans toutes les maisons où l'on récite les prières, ce qui suit : Depuis le douzième jour de *Selihot* (prière récitée douze jours avant *Rosch Haschana*) jusqu'au *Yom-Kipour* (jour du jugement) inclusivement, il est défendu à tous les Juifs de la ville de se réunir pour réciter des prières autre part qu'à la synagogue. Il serait lancé un *Herem* contre le Hahan (chantre) et contre le Baale-Tekiet (celui qui sonne du cor), si l'un ou l'autre osaient chanter et sonner du cor dans un autre endroit. Chaque prière récitée ailleurs qu'à la synagogue, ou au moins dans un des bâtiments situés dans la cour de la synagogue, sera considérée comme offense à la loi divine.

Les propriétaires de maisons, le chantre et le sonneur de cor, qui enfreindraient cette disposition du *Kahal* seraient considérés et punis à l'égal des renégats qui n'observent pas la loi divine commentée par le Talmud.

XIV

Institutions accessoires de la synagogue. — La cour et les communs. — Le *Bet-Haknest* ou synagogue principale. — Le *Bet-Gamidrasch* ou maison de prière et école. — Le *Bet-Hamerhatz* ou bains à vapeur. — Le *Bet-HaKahal* ou chambre de *Kahal*. — Le *Bet-Dine* ou tribunal. — Le *Hek-Dech* ou refuge des pauvres sordides.

La cour de la synagogue, les bâtiments et les institutions juives qui s'y trouvent, sont encore autant de questions dignes d'examen.

Dans toute communauté juive, la synagogue doit être entourée d'une cour plus ou moins spacieuse, afin que les bâtiments qui servent à différentes institutions puissent y trouver place. Et d'abord nous parlerons des lieux appelés *communs*, qui doivent être vastes, construits et entretenus par le *Kahal*.

En analysant l'une après l'autre toutes les institutions accessoires de la synagogue, qui doivent se trouver à sa proximité et absolument dans la cour où elle est située, on comprendra pourquoi nous avons commencé par ces endroits, dont généralement on ne mentionne l'existence qu'indirectement, et tout à fait à la fin.

Sous la dénomination de *cour de la synagogue*, on entend une surface de terrain plus ou moins spacieuse située dans le quartier habité par la population juive, où doivent se trouver :

1° Le Bet–Haknest (la synagogue principale) ;
2° Le Bet–Gamidrasch (la maison de prière et l'école) ;
3° Le Bet–Hamerhatz (les bains à vapeur) ;
4° Le Bet–Hakahal (la chambre de *Kahal*) ;
5° Le Bet–Dine (tribunal judiciaire) ;
6° Le Hek–Dech (refuge pour les pauvres).

Quoique, tant à l'extérieur qu'à l'intérieur, la synagogue soit pour les Juifs le principal endroit de la prière, néanmoins, le plus ordinairement, ce bâtiment n'étant pas chauffé, ne sert pour les réunions de tous les fidèles que dans les grandes cérémonies religieuses, par exemple *Rosch Haschana, Yom-Kipour*, etc., ou bien à l'occasion de l'arrivée d'un personnage marquant, tel qu'un chantre illustre, le grand rabbin, un fameux prédicateur, etc. Dans toutes les autres circonstances, les prières se récitent dans la maison où est situé *Bet-Gamidrasch*, qui a encore d'autres destinations. Ainsi, c'est là que les savants Juifs interprètent la science du Talmud ; c'est là qu'après les prières les différentes confréries tiennent leurs séances ; c'est là aussi que les pauvres interprètes du Talmud, qui s'adonnent exclusivement à cette science et par conséquent ne peuvent rien gagner pour payer un loyer, trouvent refuge le jour et la nuit ; c'est là que sont discutées les questions sociales en général, et c'est là enfin que se trouvent la bibliothèque publique et les livres des différentes confréries.

Tout à côté de la synagogue et du *Bet-Gamidrasch* sont situés les bains de vapeur, ainsi que les bains ordinaires. Autour de ce centre se trouvent les maisons privées de la prière *Eschabots, Talmudors, Klaouz*, etc. ... qui, à un degré moindre, ont la même destination que le *Bet-Gamidrasch*. Ensuite vient la chambre du *Kahal*, dont l'autorité, les actes, l'implacable surveillance sur toute action juive, ainsi que le machiavélisme, sont connus déjà par les documents traduits du *Livre sur le Kahal* de Brafmann et cités à la suite de plusieurs chapitres de ce travail.

A proximité du *Kahal* se trouve un conseil analogue à l'ancien *Senedrion*, qui se perpétue ainsi jusqu'à nos jours sous la tutelle du *Kahal* et qui forme sa section de justice... C'est *Bet-Dine* (dont nous parlerons plus amplement au chapitre prochain), ayant à sa tête son rabbin ou son *Rasch-et-Dine* (président), dont la famille doit être installée dans un local du bâtiment.

Ensuite vient *Hek-Dech*, ou le refuge pour les vagabonds juifs, qui sont d'une repoussante saleté et dont la vue et la société répugnent même à ces pauvres qui, n'ayant pas de logement, cherchent un refuge dans *Bet-Gamidrasch, Eschabot, Talmudor*.

On voit donc que dans la cour de la synagogue doivent se trouver de vastes communs construits et entretenus par le *Kahal*. Brafmann cite dans son *Livre sur le Kahal* trois documents qui se rapportent à tout ce qui a été dit dans ce chapitre. Nous ne citons pas les deux premiers comme moins intéressants ; quant au troisième, classé sous le N° 30, il se trouve à la suite du chapitre XIII.

XV

Le *Bet-Dine*, section judiciaire du *Kahal*. — Juridiction juive instituée par le Talmud pour soustraire les Juifs aux tribunaux *Goïms* ou non-juifs. — Pénalités sévères contre les contrevenants. — Autorisations exceptionnelles et secrètes. — Pouvoir absolu du *Bet-Dine*, se concertant avec le *Kahal*. — La fortune d'un justiciable influent déclarée Hefker, c'est-à-dire abandonnée au pillage. — Procédure du *Bet-Dine* : citations, *Indouïs*, *Schamosches*. — Les *Daïons*, juges et experts. — Renvois devant les tribunaux chrétiens, comme pis aller et châtiment. — Blancs-seings annulant par avance les jugements à intervenir.

Occupons-nous du *Bet-Dine* (tribunal judiciaire), question très sérieuse et d'importance majeure.

Dans les chapitres qui précèdent, nous avons parlé de la chambre du *Kahal*, institution juive qui, dans chaque localité, règle la vie publique et privée de ses coreligionnaires, despotiquement et presque sans aucun contrôle, n'admettant aucun recours à une autre autorité. Cette domination qui n'a, comme on le voit, rien de constitutionnel, ne s'étend cependant que sur la vie religieuse, intérieure et privée des Juifs, ainsi que sur la protection que le *Kahal* doit accorder, par son influence et même par son argent, à ceux des Juifs qui ont quelque intérêt à démêler avec des *Goïms*.

Mais lorsqu'il s'agit de prononcer un jugement dans un procès entre deux Juifs, ou entre un Juif et le *Kahal*, c'est le *Bet-Dine* (*le saint tribunal*), institué par la loi du Talmud, qui est chargé de juger.

Le *Bet-Dine*, quoique appelé *le saint*, est cependant sous la haute protection du *Kahal*, et ne forme, pour ainsi dire, que la section judiciaire de cette autorité suprême, à laquelle tout Juif doit être aveuglément soumis. Un *Bet-Dine* existe donc partout où il y a une agglomération plus ou moins grande de population juive, et juge les différents débats et controverses qui s'élèvent et se présentent dans la vie mercantile, des Juifs, ce qui dispense ces derniers de recourir aux tribunaux chrétiens.

Le *Bet-Dine* est en quelque sorte le tableau de l'ancien *Senedrion*, et il existe non par suite du caprice, ou de l'amour-propre que pourraient avoir les Juifs de posséder un tribunal sans avoir à s'adresser aux tribunaux chrétiens ; il a sa raison d'être dans le dogme de la loi du Talmud, qui régit la vie spirituelle des Juifs. A l'appui de cette assertion, pour mieux approfondir le caractère de cette institution talmudique, nous citerons quelques passages du code juif sous le titre *Hoschen-Hamischpot* qui traite en détail la question :

« Il est défendu aux Juifs d'avoir un procès devant les tribunaux chrétiens, ainsi que de poursuivre un intérêt quelconque devant les instances civiles et administratives des *Goïms*. Cette défense doit être appliquée même aux questions sur lesquelles les lois juives et celles des *Goïms* s'accordent et au sens et à la lettre, et quand même les deux parties qui plaident désireraient être jugées par la justice chrétienne. Le contrevenant à cette décision sera considéré comme un criminel, car une pareille action serait un blasphème contre la loi de *Moïse*[42]. Dans ce cas, on doit lancer contre le coupable un *Indouï*, qui pèsera sur lui jusqu'au moment où il annulera sa plainte portée devant les tribunaux *Goïms* ; et s'il persévère encore dans son crime, il devra être anathématisé par le *Herem*[43]. La même peine sera appliquée à tout partisan du coupable, et même à celui qui emploierait une autorité non juive pour forcer son adversaire à comparaître devant le *Bet-Dine*.

« Le document par lequel le *Bet-Dine* donne son autorisation aux Juifs de se faire rendre justice par les tribunaux chrétiens, ne doit pas être exhibé et montré aux juges *Goïms*. Le contrevenant à cette défense paiera à la partie adverse[44] le surplus de l'amende qui aurait pu être prononcée, par application des lois juives, par le *Bet-Dine*.

« Dans les temps actuels surtout, où les Juifs restent soumis aux lois de la domination étrangère et ne peuvent avoir leurs juges, le tribunal *Bet-Dine* doit se mêler de toute affaire, de tout intérêt, de toute question, de toute difficulté qui s'élèvent entre Juifs. Ainsi il doit juger : les prêts et les emprunts, les contrats de mariage, les donations, les successions, les plaintes concernant des pertes[45], etc. Il doit fixer les amendes pour les dommages occasionnés au bétail appartenant à un autre individu, ainsi que les pertes faites par le

---

42 — *Hoschen-Hamischpot*, ch. XXVI, p. 1.
43 — Voir les documents 148 et 149, cités à la suite du chap. VIII de ce livre.
44 — *Hoschen-Hamischpot*, ch. XXVI, p. 4.
45 — *Ibid.*, ch. I, p. 1.

bétail des uns au préjudice des autres, lorsque ces pertes ont été occasionnées par la dent ou la corne de la bête. Les attributions du *Bet-Dine* s'étendent aussi aux poursuites des vols et des rapines, mais seulement en ce qui concerne la recherche de ces crimes et les indemnités qui doivent être payées par les voleurs, sans viser à la punition des auteurs de ces vols et rapines, ni à la peine qui devrait leur être appliquée conformément à la loi de *Moïse*[46].

« Quoique actuellement le *Bet-Dine* n'ait pas le droit de condamner les voleurs et les auteurs de la rapine autrement qu'en leur faisant payer des indemnités à ceux à qui ils ont porté préjudice par le vol et la rapine, il peut cependant les punir moralement en lançant contre eux un *Indouï*, s'ils refusaient ou tardaient à acquitter ces indemnités. La restriction imposée à l'autorité du *Bet-Dine* concerne seulement l'application des peines corporelles auxquelles les lois de *Moïse* condamneraient les coupables[47].

« Mais en ce qui concerne les mœurs et la conduite de la population juive en général, chaque *Bet-Dine*, même celui qui n'est pas sanctionné par les autorités terrestres d'Israël, possède des attributions très étendues. Ainsi, si le *Bet-Dine* s'aperçoit que les Juifs s'adonnent trop au libertinage et à la vie déréglée, il a le droit de condamner à mort, aux peines corporelles, aux amendes pécuniaires, et ainsi de suite. Pour prononcer et appliquer ces condamnations, il n'a même pas besoin d'entendre des témoignages à charge ou à décharge. Si le *Bet-Dine* voit qu'il est question d'un Juif *influent* par sa position sociale dans le monde non juif, qui pourrait braver son jugement, s'il lui est impossible en employant toutes les ruses d'humilier un pareil individu, il tâche, en se concertant avec le *Kahal*, de faire surgir une occasion favorable pour pouvoir faire mettre en accusation et punir le désobéissant par les tribunaux chrétiens. En outre sa fortune est déclarée *Hefker* (mise au pillage) : « *Afin d'arriver le plus promptement possible à anéantir complètement et à détruire le désobéissant aux saintes lois de Talmud, interprétées par Bet-Dine le saint et Kahal l'infaillible.* »

Les citations à comparaître devant le *Bet Dine* sont remises aux parties par le *Samoche*. Ceux des Juifs qui s'absentent de la ville pour les affaires peuvent en recevoir trois ; mais si, après la troisième citation, celui qui est appelé à comparaître n'obéit pas, un Indouï est lancé contre lui. Quant à ceux qui ne quittent jamais la ville, on n'envoie qu'une seule citation.

---

46 — *Ibid.*, ch. III, p. 3.
47 — *Ibid.*, ch. I, p. 4.

Il est défendu de manquer de respect et de montrer des signes de mécontentement aux *Samoches*. Pour l'offense faite à ces derniers, *Bet-Dine* a le droit de punir le délinquant corporellement, et même le *Samoche* peut le battre et lui faire des dommages matériels, comme casser les vitres, briser les meubles, etc., sans avoir à l'indemniser.

Si le *Bet-Dine* change le local de ses séances, celui qui est cité à comparaître ne peut alléguer son ignorance du nouveau local. Si le *Samoche* rapportait que celui qui a été cité parle mal du tribunal *Bet-Dine* et qu'il refuse de comparaître, on ajouterait foi à cette déclaration, et il serait lancé un *Indouï* contre le coupable et quelquefois même le Herem[48].

Brafmann cite dans son *Livre sur le Kahal* 52 actes et documents renfermant des jugements rendus par le *Bet-Dine* dans différentes questions ; nous en avons extrait et traduit les plus significatifs, qui sont classés sous les n°s 24, 78, 120, 132, 146, 177, 203, 204, 239, 256, que nous citons ci-après, et nous ferons observer que les documents cités précédemment et portant les n°s 23, 102, 148, 149, 156, 260, ont aussi un rapport avec les ordonnances et les dispositions du *Bet-Dine*.

Après tout ce qui a été dit relativement aux lois sur lesquelles est basée la vie intérieure et intime des Juifs, on comprendra que tous ces moyens bizarres employés par le *Kahal* et dont on ne peut saisir le but, lorsqu'on parcourt les documents classés sous les n°s 148 et 149, peuvent ne pas paraître si fanatiques, en considérant que la sauvegarde du *Bet-Dine* est en même temps la garantie d'un des principaux dogmes de la science du Talmud. Dans beaucoup de circonstances et surtout là où la loi juive est à rebours du bon sens et où la forme et la lettre ordonnent d'exécuter ce que la justice et la conscience défendent de faire, le procès est jugé, non par les *Daïons* (juges du *Bet-Dine*), mais par les experts qui doivent être plus expérimentés en fait de commerce, d'industrie et dans les autres branches d'intérêts pratiques de la vie.

Les *Daïons* remplissent quelquefois aussi les fonctions d'expert, mais seulement lorsque les deux parties adverses les choisissent à cet effet. Généralement cependant, dans les circonstances ci-dessus citées, on ne les désigne point, car ces *Daïons*, s'adonnant presque exclusivement à l'étude des lois du Talmud, connaissent peu la vie pratique dans laquelle le bon sens est souvent préférable pour rendre une équitable justice.

---

48 — *Hoschen-Hamischpot*, ch. XI, pp. 1-4.

Pour mieux marquer l'action du *Bet-Dine*, il ne faut pas oublier de mentionner la question qui se présente quelquefois relativement au renvoi devant les tribunaux chrétiens des procès qui surgissent entre deux Juifs. Ainsi, les procès dans lesquels il s'agit de lettres de change protestées, de la non-exécution des donations ou des testaments, ainsi que d'autres affaires de ce genre, sont renvoyés de temps en temps par *Bet-Dine* devant les tribunaux chrétiens, non pas par raison d'incompétence ou d'incapacité du tribunal juif, mais parce que la loi du Talmud prescrit de le faire « *comme moyen d'action et comme frein contre les forts, les insolents et les désobéissants qui ne veulent pas se soumettre aux décisions du Kahal et du Bet-Dine et par conséquent doivent être punis par la justice des Goïms* ».

La conséquence de ce passage de la loi du Talmud est que les tribunaux chrétiens sont pour la plupart impuissants à rendre justice à celui des plaideurs juifs dont la cause est la meilleure, car, pour annuler toute décision des tribunaux chrétiens qui ne serait pas conforme aux idées du *Bet-Dine* et du *Kahal*, ces deux autorités juives font signer des lettres de change en blanc par les deux parties adverses, avant que le procès ne s'engage devant la *Bet-Dine*. Lors donc que celui qui perd devant le tribunal juif n'est pas satisfait de cette décision, c'est alors que le *Bet-Dine* renvoie les plaideurs devant un tribunal chrétien ; mais dans ce cas, la décision de ce tribunal importe peu aux deux autorités juives, puisqu'elles possèdent déjà, dans les lettres de change signées en blanc par les deux parties, le moyen de punir arbitrairement la partie qu'on veut atteindre.

Par ces moyens rusés et machiavéliques le *Bet-Dine* et le *Kahal* maintiennent leur pesant pouvoir sur la population juive, en employant comme instrument la justice du pays où ils vivent, afin de punir ceux de leurs coreligionnaires qui ne veulent pas se soumettre aveuglément à leur despotique autorité.

XVI

Actes et documents prouvant ce qui précède.

*V*oici les documents et actes qui se trouvent classés dans le *Livre sur le Kahal*, de Brahmann, sous les n°⁵ 24, 78, 120, 132, 146, 177, 203, 204, 239, 256.

N° 24.
Sur la citation à comparaître devant le tribunal Bet-Dine.

Mercredi, section de 5 livres Hukat 5556.

Les représentants du *Kahal* ont décidé d'envoyer l'ordre à Reibbe-Leïb-Vitouka d'arriver dans notre ville, pour se présenter devant *Bet-Dine* le *saint*, afin de s'expliquer sur les débats qu'il a avec son gendre.

N° 78.
Procès des particuliers avec la Kahal.

Samedi, section Emore 5559.

Par suite de la réclamation d'un nommé Cevi-Hirsch, fils de Jacob, et de son frère, relativement au droit d'exploitation d'une maison située dans la rue d'Iourguieef, il est enjoint aux deux hommes riches bien connus de cette ville, à savoir le Rabbi Hazias, fils d'Elian et le Rabbi Johel-Michel, fils d'Aaron, de défendre devant le tribunal *Bet-Dine* le *saint* les droits sacrés du *Kahal* contre les deux individus ci-dessus nommés.

N° 120.
Sur le choix de deux chefs de la ville qui devront forcer Rebbe-Israël, fils de Jacob, à comparaître devant Bet-Dine le saint.

Samedi, section Chemina, 28 Nisan 5561.

Les représentants du *Kahal* ont décidé : que le Rebbe Israël, fils de Jacob, doit comparaître devant le saint *Bet-Dine* pour s'entendre sur le différend qui s'est élevé entre lui et Rebbe Leizer, fils de M. Mais comme ledit Israël, fils de Jacob, n'a pas grande envie d'obéir à cet ordre émané de la part du *Kahal*, il est enjoint aux deux chefs de la ville, savoir Rebbe Isaac, fils de J., et Rebbe Samuel, fils de D., de contraindre par tous les, moyens possibles le dit Rebbe Israel, fils de Jacob, à la soumission que tout Juif doit au *Kahal*.

N° 132.
De la punition pour la désobéissance.

Jeudi, 23 Sivon, 5551.

En conséquence de la désobéissance commise envers le *Kahal* par Rebbe Josephe, fils de D., les représentants de la ville ont décidé de le punir en l'excluant pour les temps éternels de la confrérie de Nore-Tamide et en lui défendant à jamais de porter le titre de *Moreïne*.

N° 146.
De la punition pour la dénonciation contre le Bet-Dine.

Samedi, second jour du passage de Kouczhi, fête de Tabernacles, 5562.

Puisque le Rebbe Meer, fils de Michel, a eu l'insolence de dénoncer le saint *Bet-Dine* aux autorités chrétiennes, les représentants du *Kahal* ont décidé de le punir en lui retirant le titre de *Moreïne*, et dorénavant pour les temps éternels son nom devra être précédé du *Havera* (mal-né).

N° 177.
Du différend entre le Kahal et des particuliers.

En conséquence du différend qui a surgi entre le *Kahal* et les fils de feu Aria, relativement au droit d'exploitation des magasins appartenant à Arbireï (prélat de la religion orthodoxe), les représentants du *Kahal* ont décidé d'attribuer le pouvoir des sept représentants de la ville à Rebbe Moïse, fils de Jacques, pour qu'il arrange et plaide les intérêts du *Kahal*, soit devant des experts choisis à cet effet, soit devant le tribunal du saint *Bet-Dine*.

N° 203.

Sur la condamnation ensuite d'une querelle.

Dimanche, section Ahrensa 5562.

Comme le Rebbe Faïfisch, fils d'Abraham, a battu et diffamé la femme du tailleur Isaac, fils de Samuel, en alléguant pour son excuse que c'est elle qui la première avait commencé la dispute, les représentants du *Kahal* ont décrété : s'il est démontré, par le serment que devra prêter la femme du tailleur devant le saint *Bet-Dine*, que ce n'est pas elle, mais bien le Rebbe Faïfisch le premier, qui lui a cherché querelle et commença à la battre, ledit Rebbe Faïfisch sera condamné par *Bet-Dine* à réciter pendant trois jours des psaumes dans le *Gamidrasch* et perdra son titre de *Moreïne* pour les temps éternels. - Le mardi suivant, les *Samoches* publieront dans toutes les synagogues : que le coupable a été puni de cette manière pour avoir diffamé à tort une femme innocente. - Le présent décret ne peut être annulé que par une décision expresse des membres du *Kahal* et du *Bet-Dine* réunis.

N° 204.

Du pardon accordé au coupable.

Mercredi, section Ahrensa 5562.

Puisque Rebbe Faïfisch, fils d'Abraham, condamné précédemment, s'est repenti en se soumettant avec humilité à la décision du *Kahal* et du *Bet-Dine* en ce qui le concernait, les membres du *Kahal* et du *Bet-Dine*, réunis au grand complet ont unanimement consenti à lui rendre le titre de *Moreïne* en conservant cependant la punition, celle de réciter pendant trois jours des psaumes dans le *Gamidrasch*.

N° 239.

Sur les punitions à infliger à ceux qui sont désobéissants aux décisions du Bet-Dine.

Jeudi, 23 Ira 5562.

Les représentants du *Kahal* ont décidé que tous ceux qui se montreront désobéissants et rebelles aux décrets rendus par le saint *Bet-Dine* seraient privés du droit d'exploitation des propriétés qu'ils avaient acquises du *Kahal* depuis le commencement de cette année et les actes de vente constatant ce droit qui leur avaient été remis seraient considérés comme non avenus et ressembleraient aux tessons d'un pot brisé.

N° 256.

Sur la punition infligée à une femme pour sa mauvaise conduite.

Lundi 5 Famouse 5562.

Les représentants du *Kahal* ont décidé que, si le saint *Bet-Dine* reconnaît les faits scandaleux qui sont rapportés sur le compte de la femme du rabbin de la petite ville Douvitza, et s'il décrète pour ces faits une condamnation quelconque... la coupable sera en outre privée du droit de *Kessoba* (dot reçue en mariage), qui sera entièrement confisquée, à l'exception de 500 florins des robes et hardes qu'elle possède. Deux délégués du *Kahal* seront présents à l'exécution de cette décision et surveilleront attentivement. Que les représentants du *Kahal*, ce dont Dieu les garde, n'aient rien à risquer pour leur juste sévérité !

XVII

Le *Kabolat-Kinion* ou *Souder* : ventes et achats entre Juifs. — Le soulier de l'acheteur offert au vendeur. — Un pan de la soutane, un mouchoir, remplacent aujourd'hui le soulier. — C'est le *Kabolat-Kinion*, opérant translation immédiate du droit de propriété du vendeur à l'acheteur. — Supérieur encore est le prestige d'une vente prononcée par le *Kahal*.

Nous allons faire connaître le *Kabolat-Kinion* ou *Souder*, c'est-à-dire la manière dont se font les ventes et les achats entre les Juifs.

Dans l'antiquité la plus reculée, il existait chez les Juifs un usage assez bizarre : lorsqu'un Juif vendait à un autre soit une propriété, soit un objet quelconque, de n'importe quelle valeur, grande ou petite, l'acheteur ôtait son soulier et l'offrait au vendeur.

Le Talmud a introduit dans ses lois quelque chose d'analogue à cet ancien usage, bien entendu en ajoutant à cette analogie autant de signification et de force qu'il avait l'habitude a en appliquer à toutes les dispositions émanant de lui et concernant la vie spirituelle, matérielle et pratique des Juifs. Ainsi, lorsque de nos temps une vente s'effectue entre deux Juifs, on applique la loi de *Kabolat-Kinion*, telle que le Talmud l'a introduite, et qui consiste dans la forme suivante : l'acheteur ou son chargé d'affaires offre au vendeur le pan de sa longue soutane, ou un mouchoir, en lui adressant ces paroles : « Prends ce pan de ma robe ou ce mouchoir, en échange de la terre, maison ou tout autre objet que tu me vends ou dont tu me fais cadeau ». Lorsque le vendeur touche avec sa main le pan de la robe ou le mouchoir présenté, l'acte de vente et d'achat est irrévocablement accompli, quand même l'acheteur n'aurait pas encore payé et ne serait pas entré en possession de l'objet qu'il vient d'acheter. Que la propriété se trouve à une grande distance, que l'objet vendu soit encore en possession d'une troisième personne éloignée, si la formalité a été remplie de la manière citée plus haut, aucune des parties contractantes ne peut, ne doit se dédire ; ainsi le veut la loi du Talmud. On voit par là que le *Kabolat-Kinion* n'est point une simple formalité chez les Juifs, et que Talmud cache un sens cabalistique en l'interprétant de la manière suivante :

« Si le vendeur touche le pan de la soutane ou le mouchoir que lui offre l'acheteur, cela doit signifier que le vendeur cède à l'acheteur la jouissance matérielle de l'objet vendu, et par conséquent que l'acheteur entre dans un lien indissoluble avec cet objet ».

Il est certain que cette interprétation talmudique ne peut être compréhensible à celui qui n'est pas au fait de la science du Talmud, et on ne peut deviner quel rôle joue dans ce cas le pan de la longue robe noire que portent les Juifs, ou bien le mouchoir.

Si cependant on veut entrer dans le sens que le Talmud donne à cette cérémonie, en admettant « que le pan de la robe ou le mouchoir représente la somme d'argent que l'acheteur doit payer pour l'acquisition de l'objet vendu, et que le vendeur, au lieu de remettre cet objet, touche le pan de la robe noire ou le mouchoir représentant la somme convenue », alors réellement les deux parties ont établi un lien matériel avec l'argent et l'objet vendu... bien entendu, toujours selon la profonde et cabalistique science du Talmud.

Peu importe d'ailleurs que la cérémonie appelée *Kabolat-Kinion* vienne d'une antiquité reculée ou qu'elle puise son origine dans la cabalistique profondeur de l'océan talmudique ; il suffit de savoir que cette cérémonie avait pris racine chez les Juifs des temps anciens et a conservé tout son prestige jusqu'à nos jours.

Il y a seulement cette observation à ajouter, que le *Kabolat-Kinion* n'est appliqué que lorsqu'il s'agit de la vente et de l'achat effectué entre deux Juifs particuliers : car les ventes pratiquées par le *Kahal* aux individus juifs sont entourées d'une telle auréole d'infaillibilité qu'il n'est permis à personne d'en douter[49].

Brafmann, dans son *Livre sur le Kahal*, cite huit dispositions du *Kahal* qui se rapportent à la cérémonie de Kabolat-Kinion ; mais comme elles sont moins curieuses, nous ne les avons pas traduites, mentionnant seulement que, dans les documents cités à la suite du chapitre VIII et marqués par les n°s 100 et 102, il est question de la cérémonie de Kabolat-Kinion.

---

49 — *Hoschen-Hamischpot*, ch. XXII, p. 1, et *Techaubot-Garoche*, § 21.

XVIII

Célébration des noces juives. — Elles commencent la veille du sabbat par le *Kabolat-Schabat*, sérénade de mélodies nationales. — Le lendemain, *Alïa-Maxtir*. — Pluie de noix, d'amandes, de figues, etc. sur le futur. — Enfin la grande cérémonie. — Placement de la dot. — Salaire du *Chadhan*, négociateur du mariage. — Droit de *Rahache*, au profit du rabbin, du chantre et du staroste. — Salaire des musiciens. — *Talet* et *Kitel*, habits de la prière et de la mort. — Le *Badhan*, l'improvisateur-farceur, commence à fonctionner. — Toilette de la mariée, qui se fait sur un pétrin renversé. — Arrivée du fiancé, qui couvre la tête de sa future de l'écharpe qu'elle lui a envoyée. — On lui jette du houblon et de l'avoine. — Marche triomphale vers le *Huppe* (dais ou baldaquin). — Les mariés s'y placent. — Ordre et marche du cortège. — Bénédiction, vœu et acte d'épousailles. — Prière de la coupe. — Remise de la bague. — Retour, musique en tête. — La soupe d'or. — Le festin de la noce. — Les préséances et l'égalité. — L'art des serviteurs à soigner les convives d'élite. — *Badhan* et l'orchestre fonctionnent à tour de rôle. — Le cri final : *Drosche-Geschenke* ! L'énumération des cadeaux. — La danse *Kochère*. — Reconduite du couple à la chambre nuptiale. — Le *Kahal*, maître souverain de ses sujets dans leur vie privée.

Nous devons donner quelques détails sur la célébration des noces.

La célébration des fêtes à l'occasion du mariage chez les Juifs commence ordinairement avant le jour fixé pour l'accomplissement de cet acte important.

Lorsque le sixième jour de la semaine est déjà à son déclin, et que, dans l'habitation de chaque Juif, les tracas de la vie journalière cessent et sont remplacés par la paix et le repos qui précèdent la venue du sabbat, alors, à la rencontre de cet hôte désiré (le sabbat), attendu avec impatience, les musiciens de la communauté arrivent d'abord chez la fiancée, et ensuite chez le futur, en exécutant les mélodies nationales *Kabolat-Schabat*[50]. Voilà le signal du commencement de la célébration des noces.

Le lendemain, samedi, toute la synagogue se rend jusqu'à la porte à la rencontre du fiancé, qui arrive avec son père, ses frères et ses cousins. Pendant la lecture du passage de la prière qui est récitée chaque samedi, le futur ne reçoit qu'après son père, ses frères et ses cousins une *Alïa*, mais qui est très significative et qui se nomme *Maxtir*, accompagnée d'un hymne exécuté par le chantre d'une voix retentissante et de souhaits répétés par tous les assistants « de longues années ».

Pendant cette cérémonie, de tous les côtés de la synagogue, et surtout de la partie où se trouve la place destinée à la plus belle moitié du genre juif, on jette sur le futur des noix, des amandes, des figues, etc.

Les petits garçons de la population juive qui s'y trouvent se ruent avec avidité sur ces friandises, auxquelles ils ont si rarement occasion de goûter, se les arrachent les uns aux autres, se disputent et enfin se battent et produisent un tumulte qui n'est pas du tout convenable dans un temple, endroit destiné uniquement à la prière.

Le fiancé est reconduit en grande pompe par ses cousins et amis, qui ce jour-là veulent lui exprimer dans la maison de ses parents leurs souhaits les plus sincères et les plus chaleureux. Les parents les remercient et leur offrent un léger déjeuner. Dans la soirée, les musiciens se rendent d'abord chez le fiancé et ensuite chez la future, en terminant le jour du sabbat par des mélodies nationales.

Gaiement on chante et on joue ces mélodies chez le fiancé, mais ils n'y durent pas longtemps, car les musiciens se hâtent d'aller chez la future, où, après avoir exécuté quelque harmonie, ils commencent à jouer des danses et la compagnie se met à sauter ; ces danses, auxquelles ne prennent part que les femmes et principalement les vierges, sont généralement très animées et se prolongent bien au delà de minuit ; c'est-à-dire jusqu'au moment où les pièces de la menue monnaie de cuivre qui se trouvent dans les poches des danseuses

---

50 — Dans chaque communauté juive, il existe un orchestre institué par le *Kahal* et composé de musiciens juifs. Dans cet orchestre, il doit y avoir un violon, des cymbales, une basse et un tambour. *Badhan*, qui fait partie de l'orchestre, est un individu chargé de faire rire la société invitée par ses poésies improvisées, de la réjouir par ses farces plus ou moins spirituelles et par son adresse en exécutant des jongleries, et cela pendant tout le temps que durent les fêtes des noces.

ne passent plus dans la boite posée à côté des musiciens, boite destinée à recevoir le prix de chaque danse qu'exécutent les virtuoses.

Arrive enfin le grand jour, dont tant de fois il a été question dans les familles des deux fiancés. Tous les membres des deux familles sont en grand mouvement. Ceux-ci achètent encore ce qui manque ; ceux-là cherchent ce qu'il faudrait faire pour embellir la fête, les uns comment la rendre somptueuse, les autres la manière de la faire plus attrayante que celle qu'a donnée pour sa fille telle ou telle voisine... Seuls, les chefs des deux familles, pères des deux fiancés, sont occupés de plus graves pensées. A chacun d'eux la tête tourne par la multitude des différentes idées qu'ils agitent sur un point très important, à savoir : de quelle manière placer la dot destinée à son enfant, afin que le capital puisse rapporter un intérêt suffisant, en même temps qu'il soit solidement garanti.

Lorsque ces graves intérêts ont été arrangés (ce qui n'arrive pas habituellement sans une chaleureuse discussion et sans l'intervention de *Bet-Dine le saint*), il faut d'abord satisfaire les prétentions de *Chadhan* (faiseur de mariages), qui demande une récompense pour ses démarches afin de négocier le mariage ; car s'il n'était pas payé, il protesterait et citerait les parties intéressées devant *Bet-Dine le saint*, et par cette citation il pourrait faire manquer la célébration de la noce. Il faut aussi acquitter le droit de *Rahache*[51], car sans l'acquitter d'avance, la noce non plus ne pourrait s'accomplir.

Mais voici que tout est déjà en ordre, le *Chadhan* payé, le droit de *Rahache* acquitté, les musiciens satisfaits du prix qu'on promet de leur donner, et le *Ketebe*[52] est prêt. Alors *Schamosche* sort avec un registre à la main et fait une tournée dans la ville ; après quoi les appartements du fiancé ainsi que ceux de la fiancée commencent à se remplir d'invités, et en ce moment on apporte au fiancé, de la part de sa future femme, *Talet* et *Kitel*[53] (deux objets dont les Juifs se revêtent tous les jours pendant la prière, et dont on les habille après la mort). Le *Badhan* doit à cette occasion improviser une

---

51 — *Rahache* est un impôt institué au profit du rabbin, du *Hazan* (chantre) et du *Chemut* (staroste de la ville). — A Vilna, la perception de cet impôt a été mise en 1868 en adjudication, et la police locale eut ordre de prêter son appui à l'adjudicataire juif pour son exécution.

52 — Le *Ketebe*, acte de mariage rédigé en langue chaldéenne, dans lequel sont détaillés les devoirs du mari envers la femme.

53 — *Talet* est une écharpe en cachemire sur les deux bouts de laquelle se trouvent des ravures noires. — *Kitel*, chemise blanche dont la façon est dans le goût du surplis que portent les prêtres catholiques.

élégie, dans laquelle est exprimée la grande signification du jour où le fiancé devient époux. Quand le fiancé, touché de la poésie du *Badhan*, a versé déjà beaucoup de larmes, ce dernier, le laissant aux soins des *Schaffers* qui doivent le préparer pour l'acte solennel en l'habillant des deux objets que la future lui a envoyés, s'empresse d'aller avec les musiciens chez celle-ci, qui est assise au milieu de la chambre sur un pétrin renversé. Elle est entourée par les femmes mariées, qui la décoiffent lentement en défaisant ses tresses, cheveu par cheveu. Sur les figures de toutes ces femmes est peint un sentiment de découragement, et elles attendent, avec impatience l'arrivée du *Badhan* pour verser quelques larmes aux accents de son chant lyrique, car ces larmes allégeraient leurs cœurs oppressés par de poignants souvenirs.

Chacune se rappelle avec douleur qu'elle aussi avait été dans la même position, et qu'elle entrait, avec espérance en l'avenir et avec foi au bonheur, dans cette vie nouvelle pour elle... Et dans le moment actuel, se dit elle, à peine âgée de vingt-cinq ans, j'ai l'air d'une toute vieille femme, entourée d'une nombreuse famille, pour l'entretien de laquelle je dois passer mes jours et mes nuits à travailler... En quoi donc consistait ce bonheur qu'on me promettait ?... On m'avait mariée à un enfant encore, car mon mari était âgé de dix-sept ans à peine, et, comme tous les Juifs en général, il ne savait rien, n'avait aucun état ; donc c'est moi qui dois supporter tout le poids de la lourde tâche, nourrir mes enfants ainsi que mon mari, dans lequel je n'ai trouvé ni un soutien ni un protecteur.

Au moment où toutes les femmes mariées, désillusionnées, font de tristes réflexions, le *Badhan*, revenant de chez le fiancé auquel il a déclamé une poésie élégiaque, accompagné de musiciens, tombe au milieu d'elles, comme un envoyé du ciel... Peu importe ce qu'il débite ; que cela soit réellement tendre, que ce soient des rimes incohérentes et sans aucun sens, toutes pleurent à chaudes larmes. A cet instant, la porte s'ouvre avec fracas, et le *Schamosche* annonce à haute voix : *Kabolat-Ponime, Lega-Hatan* (Allez au-devant du fiancé). Celui-ci entre aussitôt et, s'approchant de sa future femme, lui couvre la tête de l'écharpe qu'elle lui avait envoyée.

Les femmes mariées présentes jettent sur lui du houblon et de l'avoine. Alors les *Schaffers*, avec la musique en tête, ouvrent la marche triomphale, pour se rendre à l'endroit où est situé le *Huppe* (un dais ou baldaquin, posé généralement dans la cour de la synagogue). Ils sont suivis par les parents, par tous les invités et par les nouveaux mariés qui ferment le cortège.

En y arrivant, le nouveau marié s'arrête sous le dais, et la nouvelle mariée, après avoir fait sept fois le tour du baldaquin, se place à sa droite. *Badhan* appelle à haute voix d'abord les deux pères et les deux mères des deux nouveaux époux, et ensuite tous les autres parents, et enfin tous les amis, pour bénir le nouveau couple ; ce que tout le monde exécute, en plaçant chacun ses mains sur la tête du nouveau marié d'abord, et ensuite sur celle de la nouvelle mariée. Le moment solennel de prononcer le vœu et l'acte d'épousailles approche. On commence par la lecture de la prière sur la coupe. Cette lecture ne peut être faite que par un très savant interprète de la loi du Talmud, que le *Badhan*, avec un grand respect, et en lui donnant le titre de Rabbin, engage à haute voix. Les nouveaux mariés boivent avec la coupe sur laquelle a été dite la prière. *Schamosche* lit l'acte de mariage tracé en idiome *kaldéen* après quoi suit la cérémonie nommée *Kadouchine* ; c'est la remise par le nouveau marié à sa femme d'une bague en argent ou d'une pièce de monnaie d'argent, en lui disant : *Gavéï at mekoudeschet li betabaat ziekedat Mosche ve Israël* (Par cette bague, vous devenez ma femme selon la loi de Moïse et d'Israël). En prononçant ces mots, il frappe un verre placé parterre avec le talon de sa chaussure, en mémoire de la chute de Jérusalem. Après une courte prière sur la coupe et lorsque les nouveaux mariés ont encore bu quelques gouttes, on les reconduit, la musique en tête, jusque chez eux.

Mais les nouveaux mariés n'ont pas mangé depuis le matin, car ce jour-là ils doivent jeûner jusqu'au moment où la cérémonie est accomplie ; aussi on leur sert un léger goûter, composé de bouillon de poulet, qui, en cette occasion, prend le nom de *soupe d'or*. Alors arrive le moment le plus intéressant pour les invités : c'est celui du festin de la noce... Le souper est déjà prêt, les tables sont dressées, les couverts mis séparément pour les hommes et pour les femmes, les bougies sont allumées, on attend quelques personnages de distinction, mais ceux-là ne tardent guère ; et voici *Badhan* qui annonce d'une voix retentissante : « On invite le monde à se mettre à table. »

A cet appel, tous les invités se dirigent vers plusieurs cuvettes remplies d'eau, qu'on a préparées pour se laver les mains, car aucun Juif ne peut toucher au pain avant d'avoir accompli cette cérémonie ; et... on se met à table. Les nouveaux mariés occupent ce jour-là la place d'honneur ; à leurs côtés se placent les invités de distinction, car, bien que les invitations aient été faites de la même manière et par le même *Schamosche*, et qu'en apparence tous les invités semblent être traités avec une certaine égalité, chacun cependant doit estimer sa propre valeur et la position qu'il occupe dans la société juive et se placer de manière à ne point occuper la place qui devrait être prise par un autre, car il pourrait lui arriver un très fort désagrément, celui par exemple d'être obligé de céder sa place... et qui sait ? peut-être, d'être mis à la porte.

La première place auprès du nouveau marié est occupée par le rabbin, s'il a jugé convenable d'honorer le souper de sa présence ; ensuite se placent les membres du *Kahal* et du *Bet-Dine* ; auprès d'eux s'assoient les savants interprètes du Talmud et l'aristocratie d'argent. Les simples mortels sont relégués au bout de la table, où règne aussi une certaine hiérarchie et où un *Malamed* (précepteur des enfants) se croirait déshonoré d'être assis à une place inférieure à celle qu'occupe le tailleur, ou débitant d'eau-de-vie, d'être précédé par un boulanger, et ainsi de suite. Lorsque enfin tout le monde s'est placé, on commence, en récitant la prière, par briser le pain en morceaux, et chaque convive en prend un ; c'est une espèce de communion.

Alors les *Sarvars* (serviteurs à table) commencent à distribuer les portions, selon la dignité et la position sociale ou financière de chaque invité. Le grand art de ces *Sarvars* consiste à servir les portions du brochet et du filet rôti de manière que les portions délicates, c'est-à-dire les morceaux aristocratiques, ne parviennent point au bout de la table, à la plèbe. Lorsque cette règle est strictement observée, celui des personnages marquants de la ville, qui avait été obligé de s'attarder et n'arrive que vers la fin du souper, ne perd rien, car, aussitôt son apparition dans la salle du festin, un *Sarvar* de crier à haute voix : « voici une portion exquise du brochet pour le Rebbe tel ou tel. »

Aux jouissances matérielles d'un bon souper se joignent les distractions spirituelles. Les mets exquis sont accompagnés de poésies improvisées par *Badhan* et de symphonies exécutées par l'orchestre. *Badhan*, dans cette occasion, n'épargne pas l'éloquence ; il imagine toutes espèces de flatteries rimées, qu'il débite d'inspiration, en commençant par les nouveaux mariés et continuant par les personnages marquants qui sont présents au banquet. Lorsqu'il a fini de porter aux nués toutes les personnes de l'aristocratie qui se trouvent à la noce, en les comparant aux héros de l'antiquité juive, le *Badhan* change son talent d'improvisateur et de versificateur en métier d'escamoteur, de bateleur, et étonne la société par son adresse. En un mot, il est l'homme à tout faire, afin d'amuser et de distraire les invités. Mais tout dans ce monde doit finir ; aussi tout à coup *Badhan* profère un cri pénétrant : *Drosche-Geschenke*(54), (les cadeaux de noces).

Tous les objets offerts par les invités sont déposés dans un vase en métal, préparé pour cet usage par *Badhan*, qui, en les y déposant un à un, nomme chaque objet et son donateur. Quelquefois ces cadeaux sont d'une certaine valeur : ce sont des services de table, ou des candélabres en argent, des fermoirs d'or et de diamant, et même de l'argent comptant. Lorsque cette partie de la cérémonie, qui est très intéressante pour les nouveaux mariés, est terminée, on commence la danse appelée la Danse de *Kochère*.

Le rôle de *Badhan* n'est pas encore fini, car c'est lui qui engage à haute voix tous les hommes présents à la noce à danser avec la nouvelle mariée. Chaque appelé s'approche d'elle et, prenant par un bout le mouchoir qu'elle tient à la main, fait avec elle le tour de la chambre, après quoi il la quitte et cède sa place à un autre danseur, à l'appel du *Badhan*. Lorsque tous les hommes ont déjà dansé avec la nouvelle mariée, son époux fermant la série, tout le monde reconduit le nouveau couple dans la chambre nuptiale, dont les portes se referment aussitôt, — et là finit la célébration de la noce.

Les quatre documents que Brafmann cite dans son *Livre sur le Kahal* (dont deux se trouvent au chapitre IV de notre étude sous les n°s 64 et 158) prouvent dans quelle dépendance, on peut même dire dans quel esclavage, chaque *Kahal* tient les Juifs qui habitent le rayon où il règne despotiquement. En se mêlant dans les affaires de la vie la plus intime de ses sujets, le *Kahal* leur défend d'inviter aux fêtes de famille qui bon leur semble, ainsi que de louer tels ou tels musiciens, tels ou tels serviteurs, de manger et de boire tels ou tels mets, telles ou telles boissons.

---

54 — L'usage exige que tous les cousins et amis apportent avec eux, ou envoient avant le souper, des cadeaux de noces, en récompense soi-disant de l'oraison que le nouveau marié prononce à sa noce ; et, bien qu'il arrive rarement que cette oraison ait lieu, l'usage de faire des cadeaux s'est perpétué

XIX

La Circoncision. — Les précautions contre Satan. — Le talisman *Schir-Garmalot*. — Visite et prière des connaissances de l'accouchée. — Prière à la synagogue et honneur fait au père. — Le *Chaleme-Zahor*, félicitations et politesses. — Le *Wach-Nacht*, veillée du huitième jour. — Soins préalables à l'opération. — Réunion des huit participants, des dix témoins, et des parents et invités. — On procède à la pratique de la douloureuse circoncision. — Prière et chants criards qui l'accompagnent. — Un élu de plus par le peuple de Dieu. — Fête et réjouissances sous le bon plaisir du *Kahal*. — Gare au *tref*!

Comment ne pas insister maintenant sur la *circoncision* ? Dès le premier moment de la naissance d'un enfant chez les Juifs, les membres de la famille de l'accouchée, ainsi que les parents du père du nouveau-né, pensent d'abord à garantir l'enfant et la mère de l'influence de *Satan*, qui erre autour de la chambre de l'accouchée et tâche d'y pénétrer pour exercer ses maléfices et pour s'emparer des deux âmes. Le meilleur moyen de détruire les artifices de cet ennemi implacable de l'humanité sur la terre est le *Schir-Garmalot* (talisman)[55], qui doit être collé ou attaché d'une

---

55 — Ce talisman est composé d'un morceau du parchemin sur lequel est écrit le 121e psaume, entouré, de tous les côtés, des inscriptions qui énumèrent les noms mystérieux de tous les habitants du ciel dont le Talmud et la Cabale parlent assez souvent.
(note de Lenculus). — Psaume 121 ; — 1. *Cantique des degrés.* Je lève les yeux vers les montagnes pour voir d'où me viendra le secours. 2. Mon secours vient de l'Éternel qui a fait le ciel et la terre. 3. Il ne permettra pas que ton pied chancelle celui qui te garde ne s'endormira pas. 4. Non certes il ne s'endort ni ne sommeille celui qui est le gardien d'Israël. 5. C'est l'Éternel qui te garde l'Éternel qui est ? ta droite comme ton ombre tutélaire. 6. De jour le soleil ne t'atteindra pas ni la lune pendant la nuit. 7. Que l'Éternel te préserve de tout mal qu'il protège ta vie ! 8. Que le Seigneur protège tes allées et venues désormais et durant l'éternité !

certaine manière au-dessus du lit de l'accouchée et du berceau de l'enfant, ainsi qu'auprès de la porte, de la fenêtre, de la cheminée ou du poêle, c'est-à-dire partout où se trouve quelque ouverture, par laquelle l'esprit impur pourrait trouver le moyen de pénétrer dans la chambre, afin de saisir les âmes de ses victimes.

Le soir du jour où un garçon vient au monde, arrivent auprès de son berceau ses futurs compagnons de la vie (le *Heder* du *Melamède*, composé de petits garçons, avec le *Beguelfer*) ; ils récitent la prière pour que le nouveau-né ait un doux sommeil : on leur donne de la purée de fèves et de pois, ainsi que des pains d'épices. La visite des petits garçons et la prière récitée par eux se renouvellent pendant huit jours, c'est-à-dire jusqu'à la cérémonie de la circoncision.

Le soir du premier vendredi, après la naissance d'un garçon, vers la fin du souper, arrivent dans la chambre de l'accouchée ses connaissances des deux sexes, pour le *Ben-Zahor* (prière dans le genre de celle des petits garçons). Le lendemain, samedi, le père du nouveau-né se rend à la synagogue, où, après la lecture des *Cinq Livres*, il est appelé auprès de la *Tora*. Pendant cette cérémonie, le chantre entonne le *Nischebeïrat* (de longues années au père, à la mère et à l'enfant). Ensuite les parents et les invités reconduisent le père à la maison pour le *Chalème-Zahor* (félicitations à l'accouchée d'avoir donné le jour à un garçon). On leur, offre de l'eau-de-vie et des pains d'épices ; chez les riches, des liqueurs, de la tourte et des confitures.

La nuit qui précède le jour de la cérémonie, c'est-à-dire le huitième jour après la naissance de l'enfant, on veille (mais seulement chez les riches) ; c'est le *Wach-Nacht* (garde de nuit dans les chambres de l'accouchée). Pendant cette nuit, les *Klœouzners* (pauvres Juifs qui s'adonnent à l'étude du Talmud) récitent les strophes de Michny et, en récompense, ils reçoivent, outre un souper abondant, la *Nédova* (aumône).

Arrive enfin la matinée du jour important où le nouveau-né doit recevoir le cachet attribué seulement aux enfants du peuple élu par Dieu... la *Circoncision*. Dans la matinée donc, la sage-femme avec les cousines de l'accouchée baigne et lave avec soin l'enfant, afin de le préparer pour l'opération à laquelle il va être soumis. C'est un moment heureux pour la sage-femme, car toutes les personnes présentes lui donnent de la menue monnaie pour les peines qu'elle a eues auprès du nouveau-né depuis le jour de sa naissance.

Vers dix heures, après la prière dans la synagogue, arrivent à la maison de l'accouchée le *Sandeke* (personnage grave qui, pendant l'opération, tient l'enfant sur ses genoux), les trois *Moguelims* (opérateurs), le *Kwater* (compère ou parrain), la *Kwaterine* (commère ou marraine), le *Kantor* (chantre), le *Schamoschim* (notaire), les parents plus ou moins proches et les invités. En tout cas, dix témoins majeurs, au moins, doivent être présents à la cérémonie.

Lorsque tout est prêt pour l'opération, la *Kwaterine* prend l'enfant dans ses bras et, l'élevant un peu au-dessus de sa tête, attend que le *Schamosche* prononce à haute voix : *Kwater* ! pour lui remettre son fardeau. *Kwater*, en recevant l'enfant, prononce *Boruh-Gaba* (Sois béni, nouveau venu), mots que toutes les personnes présentes répètent à haute voix. Ensuite le *Kwater*, en récitant le passage du psaume : « Et le Seigneur a dit à notre aïeul Abraham : Marche en avant et sois juste » s'avance lentement vers le *Kisse-sel-Eliog*, endroit de la chambre où, comme on le suppose, se trouve l'ombre invisible du prophète *Élie*, qui assiste toujours à l'opération de circoncision à côté du *Sandeke*, sur les genoux duquel est déposé l'enfant.

Les trois *Moguelims* (dont l'un tient à la main un couteau à double tranchant, l'autre armé seulement de ses ongles bien aiguisés, et le troisième opérant avec la bouche) entourent le *Sandeke*, qui tient l'enfant sur ses genoux ; avant de commencer ils récitent la prière : « Grâces te soient rendues, grand Jéhovah, Roi de l'univers, qui nous as destinés pour opérer cette circoncision ». Alors le premier *Moguelim*, qui tient le couteau à deux tranchants, fait une incision au *præputium* et cède la place au second, *Torea*, qui avec ses ongles aiguisés arrache la peau de la partie inférieure du membre, et à son tour cède la place au troisième, *Macice*, lequel suce avec ses lèvres la plaie faite par les deux premiers.

Pendant cette très douloureuse et barbare scène, le père de l'enfant lit la prière : « Gloire à l'Eternel, Maître de l'univers, qui nous a consacrés en ordonnant de joindre le nouveau-né aux enfants de notre père Abraham ! ».

Si l'enfant est d'une forte constitution et résiste à cette affreuse opération (qu'il subit en poussant des cris déchirants), on saupoudre la plaie avec de la sciure de bois ; le *Sandeke* en se levant le prend dans ses bras, et répétant deux fois de suite, sur la coupe remplie de vin, les paroles du prophète Ezéchiel : « Et je te dis : tu vivras avec ton propre sang », verse dans la bouche de l'enfant trois gouttes de nectar. Tout ce drame s'accomplit avec accompagnement de chants criards, exécutés par le chantre et interrompus seulement par les souhaits répétés de longues années à l'enfant, aux parents et à tous les invités.

Si l'opération a été exécutée promptement et avec adresse, c'est-à-dire si le premier *Moguelim* n'a pas fait une trop profonde incision, si le second a arraché adroitement la partie inférieure du membre, et si enfin le troisième n'avait pas la bouche infectée de *Cinga*, le résultat est déclaré satisfaisant, et le petit venu au monde il y a huit jours a acquis le droit d'être pour toute sa vie membre d'un peuple qui prétend être l'élu de Dieu. En réjouissance de quoi les parents donnent une fête, en se conformant toutefois aux ordres du *Kahal* contenus dans les documents cités au chapitre IV et qui se trouvent classés sous les n°s 16, 64, 131, 158, dans le *Livre sur le Kahal*, de Brafmann. Si le *Kahal* n'avait pas le privilège d'exiger des Juifs l'impôt dit *impôt de la boîte sur la viande kochère*, privilège qui en Russie s'exerce avec l'aide des autorités locales (comme nous en avons fait mention au chapitre VII), il ne s'empresserait pas autant de rappeler ses droits à chaque Juif, aux instants les plus solennels de la vie, par exemple quand il fête ses parents et amis, ou qu'il célèbre ses noces, ou encore quand il célèbre la naissance d'un enfant de sexe masculin. Afin de punir toute désobéissance à ses « infaillibles » décisions[56], cette autorité juive attend presque toujours pour exercer sa vindicte le jour d'une fête donnée par le coupable. En Russie surtout, où la perception de l'impôt dit *impôt de la boîte* est protégée par les autorités locales, un ou deux membres du *Kahal*, accompagnés par la police, arrivent chez l'amphitryon et se livrent d'abord à une inspection minutieuse de tous les ustensiles de ménage, de tous les mets, viande et poisson, afin de découvrir si ces plats sont *kochère* ou *tref*.

Comment le maître de la maison pourra-t-il démontrer à ces sbires que la viande servie à table provient d'un animal qui a été tué avec un couteau à deux tranchants parfaitement aiguisé et sans la moindre brèche, et que le poisson a été préparé selon les minutieuses règles prescrites par le Talmud ? Donc, outre le très grand désagrément que cette importune visite cause au chef de famille, outre le trouble qu'occasionne parmi les invités la présence des membres du *Kahal* venus pour persécuter celui chez lequel ils se trouvent, le coupable est presque toujours condamné à une forte amende pour avoir enfreint la loi sur le *Kochère*.

---

56 — Voir le document cité à la suite du chapitre VIII, sous le n° 149.

XX

> Hiérarchie des dignités chez les Juifs. — Autonomie de leurs institutions primitives. — Les comités provinciaux et les *Bet-Dine* les remplacent. — Le Talmud accroît son empire. — République *talmudo-municipale*. — Organisation des communautés juives. — Le *rabbin* et les *Parnesses*. — *Habor* et *Moreïne*. — Degrés du *Kahal* et du *Bet-Dine*. — Élections. — Le rabbin n'est pas un prêtre. — Napoléon Ier et les Juifs. — La question juive en Russie, en 1866. — Les Juifs toujours Juifs. — Grave erreur de Napoléon Ier. — Tout Juif est prêtre. — Tout ce qu'on a fait pour réformer les Juifs a été nul. — Napoléon Ier s'est mis le doigt dans l'œil. — Les Juifs se parent des Spinosa, des Salvator, des Meyerbeer, des Rachel, comme le geai des plumes du paon. — Vive le Talmud et l'*Alliance* israélite !... — Les écoles juives font tache d'huile. — Erreurs du gouvernement russe, qui s'est aussi mis le doigt dans l'œil.

Il faut nous étendre sur le *Moreïne*, ou hiérarchie des dignités chez les Juifs.

Pour étudier la hiérarchie des dignités observée actuellement par les Juifs, il faut jeter un coup d'œil rétrospectif sur l'origine de cette institution, ainsi que sur son développement successif[57].

L'organisation des communautés juives a sa source dans une antiquité reculée. Elle commence aussitôt après la destruction du royaume d'Israël, et elle a pour but la préservation et la conservation intacte, de la nationalité perdue, jusqu'au jour tant désiré où il plaira à Dieu de rendre à son peuple élu ses immunités, sa gloire et son pays.

Pendant les dix-huit siècles de pèlerinage du peuple juif, cette organisation, demeurée immuable, s'est développée et a acquis

---

57 — Les sources où nous avons puisé pour la rédaction de ces chapitres sont : *Enalt-Geschichte des volkes Israels*, 7e partie ; *Graetz-Geschichte des Judentums, und Tecten-Scherira Jouhsin-Schaare* ; *Cedek, Cemah, Duvide, Jhouda.*

une grande puissance, se modifiant selon les circonstances, tantôt favorables, tantôt défavorables.

Le germe de l'organisation se trouve déjà dans cette école savante qui, avec l'autorisation de l'empereur romain Vespasien, avait été établie dans la ville de *Yamno* par le rabbi *Yohanem-Ben-Zakaï*. Pendant la courte période que cette école resta sous la direction du rabbi Gamlielu, sa tendance était de devenir, à l'instar de l'ancien *Senedrion*, la directrice et la dispensatrice de la vie publique et privée des Juifs. Bien que dans son sein des conspirations révolutionnaires aient souvent pris naissance, elle a conservé pendant longtemps le titre de gymnase ; ses professeurs avaient le droit de porter les titres dévolus aux savants ; tels que : *Hahan* (savant), *Sofer* (bibliothécaire), *Amor* (interprète).

Cette forme d'organisation se conserva jusqu'au moment où pénétra dans le centre des populations juives dispersées en Asie le drapeau du vainqueur de l'Arabie, du fondateur du mahométisme, époque où les Juifs soumis à cette nouvelle domination ont commencé à respirer plus librement.

Les premiers mahométans les traitaient comme leurs égaux. *Bastanaï*, le représentant d'alors du peuple d'Israël dans l'exil, ayant réussi à rendre de grands services lors de l'expédition de l'armée mahométane contre les Sassaïdes de Perse, le fanatique Omar, celui-là même qui avait préparé des lois de proscription contre les Juifs, commença à les protéger. *Bastanaï* est reconnu solennellement comme chef de la nation juive ; Omar lui donne la main de la belle esclave *Dara*, fille du roi de Perse *Horzva*, et lui accorde plusieurs privilèges semblables à ceux qui avaient été accordés aux patriarches de l'Église chaldéenne, *Albokatholikos* et *Yezouïaba*[58].

De ce moment, luit une nouvelle ère pour les Juifs : *Bastanaï* paraît pour la première fois comme vassal de l'empire musulman, ayant à sa disposition le sceau royal ; il est entouré d'une cour et il a à son service une administration et une juridiction supérieure, avec autorité sur tous les Juifs répandus en Asie.

A l'avènement au trône du calife Ali, auquel les Juifs prêtèrent leur appui dans sa lutte pour le trône contre Moubem, ils voient s'augmenter encore leurs privilèges, et l'organisation des communautés se complète. Le premier fonctionnaire *Rosch-Galouta* représente devant le calife et son vizir tous les Juifs d'Asie. Il fait

---

58 — *Histoire des Mongols*. Hassan-Weil-Kaliff, 2ᵉ partie, ch. III, p. 274, et *Graetz-Geschicte-Judenthumbs*, 5ᵉ partie, p. 135.

la répartition des impôts, les perçoit et les verse dans les caisses de l'État. Le collège juif se transforme en un parlement à part, se composant de *Gaon*, premier personnage après *Rosch-Galouta*, de *Daïon-di-Baba*, Juge supérieur, et d'*Ab-Bet-Dine*, juge, qui est de droit successeur du précédent.

A ces quatre premiers dignitaires étaient soumis sept représentants de la société savante, *Rosch-Kala*, et trois membres d'une autre société savante, *Habor*. Ensuite venait une institution composée de cent membres, partagée en deux parties inégales. Soixante-dix membres, rappelant la composition de l'ancien grand *Senedrion*, avaient le droit de porter le titre d'*Aloufime* (représentant) ; les trente autres, rappelant la composition du petit *Senedrion*, portaient le titre de *Bene-Keïome* (candidat). Ces dignités étaient héréditaires. Ce conseil central des Juifs tenait ses séances, tantôt à *Bagdad*, tantôt à *Souva*, tantôt à *Pombadita*, trois résidences du chef supérieur *Rosch-Galouta*. Après cela venaient les conseils provinciaux.

Chaque communauté juive recevait du chef-lieu de la circonscription à laquelle elle appartenait un *Daïon* (juge diplômé). Celui-ci choisissait deux assistants, avec lesquels il formait le tribunal *Bet-Dine*. Ce tribunal s'occupait, outre des affaires judiciaires, de la législation, des contrats de mariage, de la révision des actes de divorce, des lettres de change, des actes de vente, ainsi que de l'inspection de quelques ustensiles servant à l'accomplissement des cérémonies religieuses, tels que *Halef*, couteau à deux tranchants servant aux bouchers juifs, et *Schofère*, le cor dont on sonne le jour de la *Rosch-Haschana*.

Outre les tribunaux de *Bet-Dine*, il existait encore dans chaque communauté un comité qui dépendait directement du *Rosch Galouta*. Il était composé de sept *Parnesses* (tuteurs), élus par la communauté, et examinait toutes les affaires civiles et religieuses. Le *Kahal* actuel est la continuation exacte de ces comités.

Nous ne pensons pas devoir entrer dans les détails relatifs aux rapports mutuels qui existaient entre ces sortes de tribunaux d'instance établis alors, nous dirons seulement que la perception des impôts, payés par les Juifs au profit de leurs propres institutions, était faite par des employés appartenant à une autre religion, ce qui permet de supposer que ces impôts, dont la répartition avait été établie par les autorités juives, étaient probablement très lourds, et qu'il fallait une intervention étrangère à l'élément juif pour les faire rentrer. L'impôt sur la viande *kochère*, dont le *Kahal* actuel tire de si gros bénéfices, et qui sert à entretenir et à maintenir son despotisme, comme cela est indiqué au chapitre VII, existait aussi alors et pesait lourdement sur la population juive.

Par suite de l'amélioration du sort des Juifs dans ce temps-là, amélioration due aux circonstances dont nous avons fait mention, l'étude des lois du Talmud, jusqu'alors assez restreinte, devint générale. Car, selon la tradition, le Talmud, jusqu'à la fin du Ve siècle de notre ère, se conservait seulement dans la mémoire de quelques savants, qui étaient comme une sorte de bibliothèque savante. De cette manière, le Talmud pouvait parfaitement périr avec le dernier savant qui le possédait uniquement par cœur, circonstance assez présumable, attendu que ces savants se mettaient toujours à la tête des mouvements révolutionnaires. Mais lorsque ce danger fut passé et que les savants qui possédaient encore par cœur le Talmud purent le transcrire sur le papier, l'étude du livre sacré rencontra encore des obstacles, par suite de l'oppression et de la persécution que subissait la nation juive sous la domination des derniers princes *Sassaïdes*. Le Talmud, d'ailleurs, qui se renfermait uniquement sur le terrain de la théorie, et qui ne pouvait être appliqué à la vie pratique, perdit la sympathie, non seulement du peuple juif en général, mais aussi de ses représentants, qui commençaient à faiblir ; il aurait fini par s'éteindre complètement, si le changement favorable survenu dans le sort de la population juive en Asie, sous la domination des descendants de *Mahomet*, n'avait ramené tous les Juifs à ces études, permettant ainsi aux représentants d'appliquer les lois et de les rendre pratiques.

Dès lors, prenant son essor et devenant le règlement de la vie nationale et spirituelle des Juifs, le Talmud s'intronisa dans la pensée de toute la population répandue non seulement en Asie, mais aussi parmi celle qui habitait les côtes de la Méditerranée, en Europe et en Afrique.

Mais, comme rien n'est durable en ce monde, cette espèce d'autonomie nationale dont les Juifs jouirent pendant quelque temps sous la domination des descendants de *Mahomet* dura peu. Les successeurs d'*Omar* et du calife *Ali* ayant exhumé les lois de persécution rendues par *Omar* contre les Juifs, lois dont lui-même ne s'était point servi, commencèrent à les appliquer à cette population. Sous le règne d'*Almoutavakille*, petit-fils d'*Almamouns*, en 856, le conseil central juif fut dissous. *Rosch Galouta* perd peu à peu ses privilèges ainsi que sa position, et vers la fin du IXe siècle, les parlements de *Soura* et de *Pombadita* sont supprimés.

Ce douloureux coup porté à l'autonomie des institutions juives ne détruit cependant pas l'organisation intérieure de cette population. Au contraire, les Juifs se redressent contre l'adversité et commencent à former ces corporations intimes, espèce de conspirations secrètes qui, à travers les siècles, se sont perpétuées pour arriver presque intactes jusqu'à nos jours. *Rosch-Galouta* et les *Gaons* (ou (?) *Gaonim*) disparaissent, et avec eux tous les rameaux de l'autorité centrale ; mais les comités provinciaux et les *Bet-Dine* relèvent la tête. Dans ces deux institutions provinciales, le gouvernement pense trouver des aides pour la perception des impôts chez les Juifs, ainsi que des guides dans les décisions relatives aux questions religieuses. Aussi, on les garde, on les protège et on les constitue en une sorte de conseil dont l'autorité s'exerce dans le rayon soumis à leur dépendance.

Si l'on considère que ces conseils provinciaux, dotés de pouvoirs plus grands après la disparition du conseil central, ne recevaient plus d'ordres de ce dernier, mais presque dans toutes les circonstances consultaient le Talmud pour prononcer un jugement ou rendre une décision quelconque, on verra que la persécution qui fut dirigée contre leur nationalité n'avait été qu'apparente pour les Juifs, et qu'au contraire elle leur avait rendu de grands services, en ce sens que les lois du Talmud pénétrèrent plus avant dans la vie intime des Juifs.

Dès ce moment, l'organisation partielle des communautés juives avec leurs comités pour les affaires civiles et religieuses et leurs tribunaux judiciaires, entre dans une phase de stabilité et de persévérance, et forme cette étonnante république *talmudo-municipale* qui, inébranlable, résista dix siècles aux persécutions de toute sorte dirigées contre les Juifs, et se conserva intacte jusqu'à nos jours, avec des modifications insignifiantes quant aux formes extérieures...

Pour mieux faire connaître les formes les plus récentes de l'organisation des communautés juives, nous allons citer un document extrait de *Kiria-Nesseman*[59], qui, par sa véracité, avait acquis la confiance générale.

---

59 — *Kiria-Nesseman*, recueil des faits historiques de la municipalité de Vilna, par Fino, 1860.

Sur les devoirs du rabbin et des parnesses (membres du Kahal)

1° A l'invitation des Membres du *Kahal*, le rabbin est tenu de se rendre sans retard à l'assemblée et de prendre part aux délibérations et aux décisions. Il ne doit pas non plus refuser sa participation aux jugements rendus par le *Bet-Dine*.

2° Le rabbin n'a pas le droit de se mêler des affaires que le *Kahal* entreprend pour son propre compte, tels que ventes et achats, rentrée des redevances dues par les particuliers, etc. ... Il doit seulement être présent à la conclusion de ces affaires et apposer sa signature à côté de celles des membres du *Kahal*.

3° Si le *Kahal* voulait instituer un nouvel impôt, et que cet impôt fût contraire aux règlements généraux, et s'il se trouvait un seul individu qui voulût protester contre le nouvel impôt, le rabbin devrait l'assister dans sa protestation et décider avec sagesse dans la question en litige.

4° Les *Daïons* (juges) du tribunal de *Bet-Dine* ont seuls le droit de prononcer dans les questions d'argent, et le rabbin ne peut modifier en rien leur décision. Si cependant une des parties exige que le rabbin soit présent lors de la discussion de cette question, celui-ci ne peut refuser d'y assister.

5° Sur l'invitation des *Ba-ale-Takouet* (rédacteurs des règlements), le rabbin doit se rendre auprès d'eux pour conférer sur la rédaction des nouveaux règlements, sans cependant avoir la faculté d'y introduire par lui-même aucun changement, si la rédaction est approuvée à l'unanimité des voix. Mais si, dans le nombre des rédacteurs, deux seulement sont d'un avis contraire, le rabbin leur doit son appui, en exigeant que cet avis soit discuté et pris en considération. Si dans le vote il y a égalité de voix pour et contre, la voix du rabbin est prépondérante.

6° S'il surgit une question non prévue par les règlements généraux, le rabbin ne saurait donner seul une solution. Il lui sera adjoint dans ce cas deux rédacteurs, deux représentants de la réunion générale, et deux *Daïons*, avec lesquels il discutera ladite question, afin d'arriver à un sage dénouement.

7° Le rabbin n'a pas le droit de donner son avis aux *Chamoïms* (ceux qui désignent les électeurs) et il ne doit en aucune manière influer sur les élections.

8° Lors de la réunion générale de tous les Juifs qui habitent un certain rayon, le rabbin ne peut apposer sa signature sur aucune protestation, soit collective, soit individuelle, lorsque cette protestation est dirigée contre le *Kahal*.

Des dignités de Habor et de Moreïne

9° Le rabbin, conjointement avec le chef du *Kahal* et le président du *Bet-Dine*, peut élever un Juif à la dignité de *Habor*. Quant à la dignité de *Moreïne*, elle ne peut être donnée que par une commission composée de quatre membres du *Kahal*, quatre membres du tribunal de *Bet-Dine*, de plusieurs représentants de la réunion générale, qui jouissent eux-mêmes de cette dignité et qui ont étudié le *Poskime* (code des lois du Talmud), et du rabbin. Tous les membres de la commission doivent se réunir au domicile du rabbin, et non ailleurs. En tous cas, un postulant à cette dignité ne peut l'obtenir s'il n'est pas parfaitement au fait du *Hoschen-Hamischpot* (recueil des lois du Talmud), ainsi que des règlements des derniers rabbins.

Ne peuvent être élus membres du *Kahal* que ceux qui jouissent de la dignité de *Moreïne*. Celui qui n'est que Habor peut aussi être élu, mais seulement après plusieurs années de mariage.

Des différents degrés de fonctions dans le Kahal et le Bet-Dine :

Voici la hiérarchie de ces deux institutions :

  a) Candidat pour le titre de chef ou de représentant.
  b) Daïon, juge dans une confrérie, ayant droit de siéger aux séances du *Bet-Dine*.
  c) Gabaï, doyen d'un grand établissement de bienfaisance.
  d) Ykovim, membre réel de la réunion générale.
  e) Touvet-Kahal, membre désigné pour choisir les électeurs.
  f) Rosch-Médina, représentant de la réunion générale.
  g) Baaleï-Takonet, celui qui rédige les nouveaux règlements.
  h) Chemve-Takonet, celui qui surveille l'exécution des règlements.

Ce n'est qu'en passant par tous ces degrés de la hiérarchie juive qu'on peut arriver à être membre du *Kahal* ou représentant de la réunion générale. Un cas extraordinaire dispense seul d'un de ces degrés inférieurs.

De l'ordre à suivre dans les élections

Les membres du *Kahal* et les juges du *Bet-Dine* sont élus tous les ans, selon le dernier règlement adopté en l'année 1747.

Quelques jours avant le mois de *Kisslef* (octobre), le *Kahal* désigne cinq *Boreïms* (électeurs du premier degré), qui doivent choisir plusieurs *Baaleï-Takonet* (rédacteurs des règlements à suivre pendant les prochaines élections). Les élections doivent être faites six mois après les fêtes, libres de la Pâque.

Le jour indiqué, après la prière à la synagogue, les chefs de la ville, les présidents du Kahal et du Bet-Dine, ainsi que les présidents des différentes confréries, les rédacteurs des nouveaux règlements, les *Chamochimes* (notaires de service), le *Sofère* (secrétaire) et enfin les cinq électeurs du premier degré désignés par le *Kahal* au mois de *Kisslef* précédent, se réunissent avec le rabbin dans, la chambre du *Kahal* et nomment au scrutin cinq nouveaux *Boreïms* (électeurs du second degré), qui sont de véritables électeurs investis du pouvoir d'élire qui bon leur semble pour les hautes fonctions de :

4 *Rochimes*, représentants du Kahal.

2 *Roch-Medina*, représentants du pays, c'est-à-dire d'un certain rayon, district, arrondissement, département.

4 *Touvimes*, membres privilégiés de la réunion générale ;

2 *Ykovims*, membres réels de la réunion générale ;

4 *Roët-Heschbouet*, contrôleurs ;

4 *Gaboïms*, starostes de la société de bienfaisance ;

12 *Daïons*, juges du tribunal du *Bet-Dine* ;

En tout 35 dignitaires pour l'année entière, c'est-à-dire jusqu'aux fêtes libres de la Pâque suivante.

Pendant que l'opération du scrutin s'exécute, il est sévèrement défendu à quiconque d'adresser la parole aux *Boreïms* (électeurs du second degré), afin de ne point les distraire dans cette importante opération, qui a pour but de donner un gouvernement à la population juive d'un certain rayon (canton, arrondissement, département).

Des devoirs du Kahal et du Bet-Dine

11° La principale occupation du Kahal consiste en la répartition des impôts que les Juifs doivent payer, ainsi que dans l'encaissement de ces impôts. De plus, le Kahal est tenu de veiller à l'observation du respect que chaque Juif doit aux membres du Kahal, du *Bet-Dine* et aux *Moreïnes*. Le Kahal distribue aussi des secours à ceux qui commencent un commerce quelconque, employant pour cette sorte d'encouragement l'argent qui provient de la société de bienfaisance. En général, le Kahal s'occupe de toutes les affaires civiles et religieuses et indique à chaque Juif de son rayon le chemin qu'il doit suivre et l'occupation qu'il doit remplir.

Toutes les branches du commerce sont imposées par le Kahal, ainsi que les prêts sur gage, les lettres de change et les billets à ordre. La perception de tous ces impôts au profit de la caisse du Kahal s'exécute par l'entremise des entrepreneurs.

Le Kahal désigne les *Chamoïms*, c'est-à-dire ceux qui préparent la liste des imposés, avec la quote-part qui doit être acquittée par eux. Ce tableau est examiné par le Kahal et modifié, approuvé ou rejeté. — Il est recommandé aux *Chamoïms* de ne point flatter ni épargner les riches et d'avoir des égards pour les pauvres. Pendant tout le temps que dure leur travail, ils s'obligent, sous le *herem*, de ne point communiquer avec qui que ce soit, afin de ne subir aucune pression du dehors. Ils doivent être enfermés dans une chambre jusqu'à l'entière élaboration de leur besogne. Un fonctionnaire subalterne de la synagogue est attaché à leur service pour appeler les imposés, afin que ceux-ci expliquent, sous le *herem*, leur position matérielle, la réussite ou la non-réussite de leurs affaires, entreprises, prêts, métiers, etc.

12° Tous les trois mois, les membres de la réunion générale doivent se réunir dans la Chambre du *Kahal* pour se concerter sur la situation de la communauté et sur ce qui doit être entrepris, afin de parer aux événements défavorables ou nuisibles qui sont survenus dans le passé ou qui pourraient se produire dans l'avenir, ainsi que sur tout ce qui intéresse en général la société juive. Si tous les membres ne peuvent être présents à la réunion générale, et qu'il s'en trouve seulement vingt, les décisions prises dans ces conditions auront autant de valeur que si elles étaient prises par la réunion générale au complet.

13° Tous les trois ans, toute la population du sexe masculin qui habite le pays (un certain rayon, district, arrondissement ou département) doit se réunir dans un endroit désigné d'avance pour discuter et arrêter de nouveaux règlements, ainsi que pour examiner les questions d'une grande importance pour la cause juive en général.

14° Les *Daïons*, juges du Bet-Dine, avec leur président, ont le devoir : *a)* d'estimer quelle place doivent occuper à la synagogue les dignitaires et les fonctionnaires, et quelle est celle qui convient au peuple ; *b)* de vendre, dans certains cas, le droit de *Meropïe* (droit d'exploitation d'une personne de religion chrétienne) *c)* d'approuver et légaliser les actes de vente de propriétés immobilières ; *d)* de veiller, conjointement avec le *Kahal*, à l'exactitude des poids et mesures, ainsi qu'au prix des marchandises de première nécessité, bien entendu dans l'intérêt des acheteurs juifs seulement.

Brafmann, dans son *Livre sur le Kahal*, cite quarante actes et documents qui émanent du Kahal et du Bet-Dine et qui ont rapport avec tout ce qui a été dit dans ce chapitre. Nous avons choisi les plus curieux, au nombre de neuf, qui sont classés sous les n°s 18, 67, 112, 134, 170, 201, 210, 219, et que nous donnons au chapitre XXI, en faisant remarquer que les documents du chapitre XVI, sous les n°s 78 et 132, ont aussi rapport à ce qui a été mentionné plus haut.

Par le document extrait du *Kivïa-Nesseman*, que nous venons de citer, ainsi que par ceux qui se trouveront à la suite de ce chapitre, on verra la continuation de ce que nous avons déjà plusieurs fois répété, à savoir : 1° le grand pouvoir du Kahal sur la vie publique, intérieure et intime des Juifs répandus sur tous les points du globe ; 2° les revenus que le *Kahal* perçoit par les impositions sur les Juifs de son rayon, revenus et impositions qui depuis mille ans ont été et sont toujours et partout les mêmes ; 3° la vente par le *Kahal* de ce droit absurde, étonnant, et qui paraît impossible et incroyable au premier abord, d'exploitation des propriétés et des personnes chrétiennes, et qui chez les Juifs porte les noms de *Hazaka* et *Meropïe* (dont nous avons entretenu le lecteur au chapitre XI ; 4° enfin de toutes ces questions de la vie intérieure et intime des Juifs, questions qui, connues seulement d'une façon superficielle d'après quelques lois insignifiantes du Talmud, étaient, jusqu'à ce moment, complètement ignorées des Chrétiens.

L'importance du document que nous venons de citer consiste surtout en ce qu'il explique et définit parfaitement la fonction et le rôle du rabbin. Cette explication et cette définition devraient une fois pour toutes éclairer le monde chrétien relativement à ce fonctionnaire juif. C'est cette ignorance qui a aidé le judaïsme au dernier siècle à relever le drapeau de son gouvernement souterrain, et à résister à la puissante influence de la civilisation chrétienne, qui commençait à le saper dans ses fondements.

On ne sait réellement pas d'où vient l'erreur qui fait considérer le rabbin comme un personnage sacerdotal de la religion juive. Cette croyance, entretenue par les rabbins eux mêmes [60], a toujours été un véritable rocher contre lequel se sont brisés les législateurs de tous les pays qui ont voulu aborder la question juive pour y introduire des réformes ; mais jamais époque ne fut aussi propice et aussi abondante en moisson pour le judaïsme, jamais aucune époque ne fournit au sombre royaume du Talmud une si éclatante victoire que le XIXe siècle ; et voici pourquoi :

Lorsque, au commencement de ce siècle, les troubles qui existaient depuis plusieurs années en France se furent apaisés et que l'ordre commença à produire ses bienfaisants effets, la réorganisation de l'administration du pays avait aussi touché à la question juive. Napoléon Ier, qui était alors dans toute la force de son génie et de sa gloire, s'intéressa à cette question ; il voulait ajouter à tous ses autres triomphes la gloire d'être le grand réformateur du judaïsme. Les circonstances qui, en 1805, amenèrent la question juive sur le tapis, ressortiront mieux encore, des paroles de Napoléon lui-même : « Si une partie de cette question était résolue, dit Napoléon Ier dans le § 12 de la réforme de la question juive, il faudrait inventer un moyen de restreindre autant que possible l'*agiotage* pratiqué sur une grande échelle par les Juifs, afin de détruire cette *escroquerie* et cette *usure*[61] ».

Et dans le IVe chapitre il ajoute : « Notre but est de porter secours aux cultivateurs en général et de délivrer les populations de certains départements de la dépendance dans laquelle elles sont tenues par les Juifs ; car les hypothèques prises par ceux-ci sur la plus grande partie des propriétés immobilières rendent les propriétaires tout à fait dépendants de leurs créanciers, et dans peu de temps, si l'on n'y prend garde, les Juifs seuls seront propriétaires dans les départements où ils sont localisés, puisque leur suprématie augmente chaque jour à l'aide de l'usure. Il faut donc absolument mettre un terme à cet état de choses ». Ensuite il poursuit : « En second lieu, notre but est d'amoindrir sensiblement, s'il est impossible de la détruire

---

60 — Comme le prouve le discours d'adieu adressé aux Juifs alsaciens par le grand rabbin de Colmar, vers l'année 1872, lequel quittait les provinces annexées à l'empire allemand et transportait son domicile dans les Vosges, en France.

61 — *Algemeine-Zeitung des Judenthums*, 1841, p. 300.

complètement, la tendance séparatiste de la population juive, qui fait d'elle une nation dans la nation, et d'extirper le goût que professe cette population pour les occupations nuisibles à l'ordre social, à la civilisation en général et aux habitants de tous les pays ».

Les quelques mots qui précèdent indiquent parfaitement les causes qui ont fait soulever alors la question juive. A la vérité, ces paroles de Napoléon Ier ne disent rien de nouveau, car c'est l'histoire du peuple juif qui depuis des siècles se répète invariablement presque tous les jours ; mais ce qui est digne de remarque, c'est que les causes que les défenseurs du judaïsme citent pour expliquer ce sombre tableau des tendances juives, ne pouvaient aucunement être admises en France à cette époque-là, puisque, depuis 1789, les Juifs ont été admis à jouir des droits civils à l'égal de tous les citoyens français.

Lorsque, dans les dix dernières années, on affranchit les paysans en Russie, et qu'on introduisit dans ce pays plusieurs réformes libérales, la question juive s'imposa aussi à l'examen du réformateur, et elle se trouva dans la même phase où elle était en France au temps dont nous avons parlé. De tous les points du grand empire on entendit les plaintes suivantes : « Les Juifs nous ruinent ; ils exploitent toutes les classes de la population indigène ; ils se sont emparés de tous les capitaux qui vivifient l'industrie, et sont devenus propriétaires de la plus grande partie des maisons dans les grandes et les petites villes.

Ils ont concentré entre leurs mains tout le commerce et l'ont ravalé, en en faisant une sorte de brocantage ; ils ont obligé à s'expatrier un grand nombre d'ouvriers appartenant à d'autres religions, en exerçant leurs métiers à vil prix ».

C'est en 1866 que la question juive fut mise à l'ordre du jour en Russie, et c'est à cette époque que les mêmes plaintes furent entendues dans tout le pays. Mais aussitôt les Juifs eux-mêmes, ainsi que quelques charlatans du libéralisme, élevèrent la voix en disant : « Donnez aux Juifs une complète émancipation, permettez-leur de devenir propriétaires de grands biens, obligez-les à parler la langue russe, dispersez-les dans toutes les Russies, etc., et vous verrez qu'ils s'identifieront avec le pays, qu'ils ne formeront plus une nation à part dans la nation russe, mais qu'ils deviendront de véritables citoyens, tout en conservant leur religion ».

Tous ces faux axiomes, répétés à satiété par les intéressés, trouvèrent trop facilement créance parmi les masses ignorantes de la Russie.

Mais en France, en 1805, les Juifs étaient déjà depuis plusieurs années citoyens. La révolution de 1789 leur avait accordé la jouissance des droits civils et les droits de cité, égaux à ceux dont jouissaient les régnicoles ; et cependant, d'après les paroles de Napoléon Ier, les Juifs n'avaient point modifié leur système d'existence exclusive, complètement à part, et de maintenir leur nationalité par les moyens honteux de l'usure, du trafic et des déprédations mercantiles[62]. C'est un fait incontestable que, si la nationalité indigène sent sa force morale et matérielle, les éléments étrangers vivant dans son sein doivent nécessairement subir son influence et se confondre avec elle, au moins quant aux formes extérieures. Subissant cette loi commune, les Juifs en France se sont francisés depuis longtemps, mais seulement sous le rapport du costume, des manières, de la langue et de la jouissance des droits civils. Le génie de Napoléon Ier avait compris que toutes ces formes extérieures ne franciseraient pas complètement les Juifs, ne formeraient pas de vrais citoyens français, et que, malgré son petit nombre (ne dépassant pas alors 60 000 âmes en France, cette population, concentrée et renfermée en elle-même formerait toujours une corporation à part, une nation dans la nation. Napoléon savait que cette race orgueilleuse, se considérant comme le peuple élu de Dieu, voudrait se perpétuer, en ne contractant mariage qu'entre coreligionnaires, et, par ce moyen, ne consentirait pas à mêler son sang au sang « impur » des Chrétiens.

Mais, comme rien ne résistait alors au génie de Napoléon, il se flattait de pouvoir vaincre cette volonté de fer, guidée par le fanatisme religieux, volonté qui, jusqu'alors, avait résisté à tant de persécutions et avait traversé, toujours inébranlable, des siècles et des siècles. Pour atteindre son but, Napoléon pensait à employer les rabbins, les croyant, comme tout le monde, les ministres sacerdotaux de la religion israélite. Son plan était très modéré et n'avait rien de contraire à la plus impartiale justice ; par conséquent, il semblait avoir toutes chances de réussir, car il consistait à engager les Juifs à considérer les Français comme leurs égaux sous tous les rapports et à les regarder comme les frères d'une même nation, avec lesquels ils pouvaient nouer des liens de famille par le mariage. En un mot, Napoléon n'exigeait des Juifs que la réciprocité envers les Français.

Ce plan n'avait rien d'exagéré au point de vue humanitaire ; il était parfaitement conforme au progrès de la civilisation. Mais, à leur point de, vue, ce plan, qui tendait à affaiblir le sombre royaume

---

62 — *(note de Lenculus).* on pourra lire avec grand profit l'ouvrage de M. de Boisandré André du Quesnay ; *Napoléon antisémite*. 1900. On le trouvera sur le site : http://www.histoireebook.com/index.php?category/D/De-Boisandre-Andre-du-Quesnay

séparatiste, n'était pas trop goûté par les Juifs. On verra tout à l'heure que, malgré son grand génie, Napoléon, au lieu d'atteindre le but qu'il poursuivait, ne réussit, par cette nouvelle organisation qu'il introduisit parmi les Juifs, qu'à leur fournir une arme dont ils surent admirablement se servir au profit de leur fanatisme et de leurs idées séparatistes.

Partageant l'erreur générale relativement au rôle que les rabbins remplissent dans la religion israélite, c'est-à-dire les considérant comme ministres sacerdotaux de cette religion, Napoléon Ier pensait réaliser son plan à l'aide de leur autorité spirituelle sur la population juive. Il lui semblait donc qu'en élevant et en fortifiant cette autorité, il pourrait s'en servir plus facilement.

A cet effet, il décréta, en 1806, l'institution à Paris d'un Sanhédrin, composé de soixante et onze rabbins à l'instar du grand Sanhédrin de Jérusalem. Les Juifs, croyait-il, trouveraient dans ce tribunal le haut pouvoir spirituel illimité auquel ils doivent se soumettre sans murmure, comme la loi du Talmud l'exige. Pour compléter cette institution et pour qu'elle pût fonctionner régulièrement, il fut créé en province plusieurs consistoires sous la direction des rabbins.

Au commencement, les rabbins n'opposèrent aucune résistance aux ordres du tout-puissant conquérant, auquel rien ne résistait, et signèrent des deux mains tout ce qui leur fut présenté au nom de l'empereur, voire même des ordonnances contre lesquelles plusieurs d'entre eux devaient bientôt protester. Mais l'illusion de Napoléon sur la solution de la réforme ne devait pas longtemps durer, car, lorsqu'on voulut appliquer un certain article dont dépendait la réussite de la réforme relativement aux liens matrimoniaux entre les familles chrétiennes et les familles juives, on fut convaincu que cette question était absolument lettre morte pour les Juifs et qu'il ne pourrait jamais entrer dans leur tête qu'un enfant d'Israël pût consentir à mêler son sang « pur » au sang « impur » des Chrétiens.

Alors seulement Napoléon fut convaincu qu'avec l'aide unique de l'autorité spirituelle des rabbins il était impossible de déplacer, même sur un point en apparence le moins important, la vie intérieure du judaïsme, et que l'idée d'une réforme, quelconque ne pouvait germer que dans l'imagination de ceux qui n'étaient point au fait des lois du Talmud, de la religion, de l'histoire et des traditions des Juifs. Persuadé alors qu'il lui serait impossible de rompre les liens de cette vie concentrée, souterraine et renfermée en elle-même, par les moyens dont il pensait pouvoir se servir en vue d'une solution de la question juive, Napoléon changea son système et, envisageant cette question à un point de vue tout à fait différent, il décréta en 1808 « qu'il était défendu aux Juifs de prêter sur gages ; que les lettres de change souscrites par les Chrétiens au profit des Juifs, pour des prêts effectués par ces derniers, devaient être limitées à une certaine somme ; qu'il fallait entourer de précautions et de difficultés le changement de résidence des familles juives ».

En un mot, Napoléon, cherchant par ce décret les moyens de préserver la population chrétienne de la sinistre influence des Juifs, ne fit autre chose que ce qui avait déjà été pratiqué plusieurs fois dans les siècles précédents par les autorités de tous les pays où les Juifs s'étaient établis.

Mais tout cela ne fut qu'un nuage passager. « Dieu enverra à notre ennemi tant de chagrin qu'il ne pourra plus penser à nous tourmenter », répètent les élus d'Israël. Et, cette fois encore, leur prophétie devait bientôt se réaliser. Les événements se précipitaient : quelques années après la chute du colosse devant lequel toute l'Europe tremblait, ses décrets et ses ordonnances contre les Juifs étaient annulés en France. Il ne resta que la pseudo-ecclésiastique institution des rabbins à Paris et quelques consistoires en province. Le nouveau pouvoir juif ne s'écroula pas avec celui qui l'institua ; au contraire, il prit un nouvel essor pour se reconstituer et se défendre contre un ennemi bien plus puissant que ne le furent Napoléon, Nabuchodonosor et tant d'autres.

Cet ennemi fut le Christianisme. Israël déclara une guerre secrète et totale contre la civilisation chrétienne, qui, dans le premier quart du XIXe siècle, avait commencé à prendre pied dans le sombre royaume du Talmud, en sapant peu à peu ses forces intérieures et l'amenant à une décomposition, lente à la vérité, mais par cela même plus sûre.

Dans la sphère des Juifs qui avaient subi l'action de la civilisation européenne, la religion israélite, dit le docteur *Stern*, ressemblait aux pages éparses de la Bible ; les cérémonies religieuses avaient l'air d'une chaîne dont les anneaux auraient été rompus en plusieurs endroits, et dont les liens intérieurs qui constituaient cette grande puissance des Juifs : *un pour tous et tous pour un*, se sont complètement brisés. En vain, au secours du Talmud affaibli, accoururent des talents de premier ordre, tels que Mendelson, Friedeland et beaucoup d'autres esprits supérieurs, qui essayèrent de réveiller dans la classe éclairée des Juifs le sentiment patriotique et national du peuple d'Israël..... Rien ne réussit. Bientôt même les zélés défenseurs, entraînés par un courant irrésistible, s'étant convertis eux-mêmes[63] au christianisme, portèrent ainsi un très rude coup à la base du judaïsme qu'ils avaient voulu consolider, et qui, jusqu'à ce moment, leur avait paru inébranlable.

Pour sauver le drapeau du Talmud et avec lui la souterraine corporation des Juifs, les efforts de talents aussi remarquables que ceux de Mendelson, Friedeland et autres, furent impuissants ; il fallait la force complexe d'une représentation officielle, et c'est le rôle qu'a pris cette pseudo-ecclésiastique institution juive imaginée en 1806 par Napoléon Ier dans un but, comme on l'a vu, tout à fait différent.

Les personnes qui ont pris la peine d'étudier, même superficiellement, les formes extérieures et les cérémonies de la religion israélite, savent que dans cette religion les fonctions sacerdotales n'exigent pas une existence absolument consacrée à l'exercice du culte, mais qu'elles peuvent être remplies par tout individu, aussi bien à la synagogue que dans sa maison, et que tout Juif croit nécessaire à son salut de remplir lui-même, autant que possible, ces fonctions sacrées ; et pour ainsi dire, d'*officier*, de *pontifier* en personne.

Les réunions de rabbins qui eurent lieu dans les derniers temps à Brunswick, à Cassel et à Berlin, et qui avaient pour but de réformer le judaïsme en y introduisant plusieurs modifications, paraissaient à beaucoup de Chrétiens une chose sérieuse. Cependant les Juifs eux mêmes les ont jugées à un autre point de vue. « Quel profit ont porté à notre cause, dit Graetz, auteur juif, la réunion de Brunswick et toutes celles qui lui ressemblent ? »

Aucun ; elle s'est envolée avec le vent, car chez le peuple de Juda il n'existe aucune différence entre un rabbin et tout juif en particulier, lorsqu'il s'agit de pratiques et de cérémonies religieuses[64].

La circoncision, le mariage, l'enterrement, la célébration de la Pâque, la prière sur la coupe, la purification de la femme, la prière à la synagogue et à la maison, ainsi que toutes les cérémonies religieuses, étaient exercées par chaque Juif au temps même de l'existence du Temple et du grand Sanhédrin, à Jérusalem. Le droit pour tout Israélite d'exercer les fonctions sacerdotales fut consacré

---

63 — Mendelson est mort dans la religion juive, mais tous ses enfants, à l'exception d'un fils, ainsi que Friedeland et plusieurs autres zélés défenseurs du judaïsme, se sont convertis au christianisme.

64 — Lettre du docteur Graetz à son ami — *Gamaguide*, n° 23, p. 181, 1869. La proposition de *Dom* ayant pour but de soumettre les questions religieuses aux rabbins, fut pour le même motif repoussée par Mendelson.
— *Iost-Geschichte des Judenthum*, Leipzig, 1860, vol. III, p. 304.

par les lois mêmes de *Moïse*, de Mischna et du Talmud, ainsi que par tous les interprètes et commentateurs de ces lois dans l'antiquité. En se basant sur ces anciennes prérogatives, que les lois ci-dessus citées donnent à tous les Juifs en général, chacun d'eux remplit ses devoirs religieux partout où il se trouve, sans avoir besoin d'attendre l'arrivée d'une personne exclusivement chargée de fonctions sacerdotales ; cette idée est tellement ancrée dans l'esprit de toute la population juive qu'une modification quelconque à cet usage provoquerait un très grand désespoir parmi tout le peuple d'Israël.

Il est vraiment étonnant que toutes ces circonstances aient été ignorées des gouvernements ; habitués qu'ils étaient à voir les offices religieux de tous les rites célébrés par les ministres du culte, ils ne pouvaient s'imaginer que la religion israélite fît exception et que tout Juif fût à lui-même son propre prêtre ; il est plus étonnant encore que le gouvernement français ait persisté dans cette erreur, après ce qui arriva à Napoléon Ier lors de la création du Sanhédrin de Paris, lequel, se changeant bientôt en Consistoire général, fonctionnait et agissait dans l'intérêt du judaïsme, tout en entretenant les autorités de France dans l'erreur sur le rôle sacerdotal des rabbins.

Telle est, en résumé, la nouvelle organisation juive introduite en France dans le premier quart de ce siècle, organisation qui a permis de maintenir la base sur laquelle le peuple d'Israël a traversé les siècles de son fanatisme, organisation qui a malheureusement préservé ce fanatisme de l'influence civilisatrice et fécondante du christianisme au XIXe siècle. Napoléon Ier, cet ennemi déclaré des Juifs, est considéré par leurs historiens comme le sauveur du judaïsme.

Et, en effet, cette nouvelle organisation, tout en laissant à chaque Juif le droit de célébrer les cérémonies religieuses, comme cela s'était pratiqué jusqu'alors, servit surtout à tenir en éveil l'esprit patriotique des Israélites. Les discours des rabbins, très éloquents et très habiles, au lieu de rouler sur les vérités de la religion, étaient remplis d'allusions transparentes ayant pour but de rappeler constamment aux fidèles d'Israël les persécutions et les souffrances endurées par le peuple saint, et dont les Chrétiens, au dire des rabbins, étaient les auteurs. Et tout naturellement les orateurs juifs cherchaient dans ces discours à démontrer la suprématie sur tous les autres peuples de la terre de ce peuple sublime qui a produit les Spinosa, les Salvator, les Meyerbeer, les Rachel[65], etc.

C'est ainsi que l'organisation créée dans un but d'union ne servait

---

65 — On ne voulait pas avouer la franche vérité : que ces grands talents ont été formés par la civilisation chrétienne.

qu'à entretenir la séparation du peuple d'Israël du reste de l'humanité. Par l'introduction dans tous les pays d'Europe d'écoles destinées à former la jeunesse juive, on acheva d'assurer la conservation dans l'avenir du drapeau du Talmud.

Les différentes confréries juives, qui, par suite de la grande dispersion du peuple d'Israël sur tous les points du globe, commençaient à disparaître, se relevèrent partout, à la faveur de la nouvelle organisation des rabbins créée par Napoléon Ier. Enfin, grâce aux puissants protecteurs juifs qui, par leur position financière, avaient acquis une grande influence dans le monde politique, la nouvelle organisation institua une « ALLIANCE »[(66)],

---

66 — (*note de Lenculus*). Il est question de l'Alliance Israélite Universelle, fondé à Paris le 1er mars 1860, et qui a eu son siège à Paris. L'historien *Michaël Graetz* commente justement : Les fondateurs préconisèrent dans leur manifeste de 1860 une synthèse des idées de 1789, d'égalité, de justice et des droits de l'homme, et des principes du judaïsme, de sa conception d'un Dieu unique et de sa foi en une rédemption universelle au temps du Messie. Il est bon de rappeler les noms de ces six fondateurs, jeunes (la moyenne d'âge est de trente-trois ans) et enthousiastes :
— *Charles Netter*, fils d'une longue lignée de rabbins, lui-même homme d'affaires fortuné, depuis toujours attentif au sort des communautés d'Europe ;
— *Narcisse Leven*, avocat, collaborateur d'Adolphe Crémieux, déjà actif dans diverses œuvres de bienfaisance ;
— *Isidore Cahen*, ancien élève de l'École normale supérieure, professeur de philosophie, partisan affirmé de la liberté de l'enseignement et du principe de la séparation des Églises et de l'État ;
— *Eugène Manuel*, lui aussi normalien, poète et homme de lettres ;
— *Aristide Astruc*, rabbin d'origine portugaise (sa famille s'est installée à Bayonne sous Louis XIII), adversaire déclaré des excès de l'assimilationnisme ;
— *Jules Carvallo*, enfin, le doyen, âgé de quarante-et-un ans, ingénieur des Ponts et Chaussées, pionnier des chemins de fer, président-fondateur d'un journal, *L'Opinion Nationale*, de tendance plutôt favorable à l'Empire.
Il y a, bien sûr, un grand absent : *Adolphe Crémieux*. Profondément déstabilisé par la récente conversion de ses enfants au catholicisme — à l'initiative de son épouse —, l'avocat nîmois, véritable instigateur de la fondation de l'AIU, n'a pas voulu apparaître au premier plan de ceux qui lançaient le projet. Mais trois ans plus tard, en 1863, il allait être porté à la présidence de l'institution.
On trouvera les ouvrages de M. Graetzb Heinrich, *Histoire des juifs* Tome I à V. 1882. Sur le site : http://www.histoireebook.com/index.php?category/G/Graetz-Heinrich

dont le but fût *de protéger l'élément juif partout où il se trouvait*. On peut s'en convaincre en se reportant aux débats qui signalèrent la remarquable réunion tenue par les rabbins de tous les pays, en 1869, à Breslau, et aux décisions prises par cette réunion, et dont voici les principaux points :

1° « Nous voulons fortifier l'unité et la liberté de toutes les communautés juives ».

2° « A l'unanimité, il a été décidé que tous les membres présents à la réunion doivent s'inscrire comme membres actifs de cette alliance formée dans l'intérêt général du judaïsme, et que chacun devra agir et soutenir de toutes ses forces les actes de ladite *alliance* ».

3° « A l'unanimité aussi, il a été décidé de provoquer dans tous les pays allemands des adresses et des pétitions aux gouvernements, demandant la nomination d'une certaine quantité de professeurs appartenant à la religion israélite, dans les établissements d'instruction supérieure[67].

Le gouvernement russe avait permis avec empressement l'introduction de la nouvelle organisation juive dans le pays et fonda à Vilna et à Jytomir deux écoles de rabbins, ainsi qu'une quantité de gymnases, exclusivement destinés à l'éducation préparatoire de la jeunesse israélite pour ces deux écoles. Pour soutenir ces établissements d'éducation, on institua un nouvel impôt, qui pesait exclusivement sur les Juifs habitant la Russie, sous la dénomination d'impôt des chandelles, dont le produit montait à 327 000 roubles argent, impôt qui existe encore aujourd'hui.

Il s'agit donc de savoir quel résultat le gouvernement de ce pays a obtenu par l'introduction de la nouvelle organisation juive (organisation, pensait-il, qui devait résoudre cette difficile et interminable question juive, agitée depuis si longtemps en Russie, et dont la solution satisfaisante n'a pas pu être trouvée jusqu'à présent). Et à quoi avait servi cet énorme capital de 10 000 000 de roubles argent, perçu pendant les trente dernières années, pour la plupart sur les Juifs de la classe pauvre[68] ?

Dans les comptes rendus administratifs, les rabbins eux-mêmes

---

67 — *Gamaguide*, 1869, n° 28, p. 219.

68 — Pour l'entretien du rabbin et de sa famille, chaque communauté juive paie un impôt à part. La répartition de cette imposition est, entre les mains du Kahal, une nouvelle arme qu'il emploie contre ceux qui désobéissent à ses ordres despotiques, ainsi que pour protéger ses très humbles serviteurs.

donnent la réponse que voici : « Les résultats de nos actes, disent-ils, sont pour la plupart insignifiants ; car 1° la police de chaque localité *écorche* avec une grande rapacité les *Mélamèdes* (précepteurs), entre les mains desquels le drapeau national du judaïsme s'affaiblit de jour en jour ; 2° les autorités civiles nomment des inspecteurs appartenant à la religion chrétienne dans les séminaires israélites ; 3° cette organisation est encore trop nouvelle ».

C'est en 1854 que sortirent les premiers rabbins dont l'éducation s'était faite dans les écoles établies à Vilna et à Jytomir. Depuis ce temps jusqu'à nos jours, plusieurs réformes importantes ont été introduites en Russie. Le pays, dans une période de dix-huit années, s'est pour ainsi dire complètement transformé ; et cependant pas un de ces rabbins qui, en qualité de fonctionnaire public nommé par le gouvernement pour présider aux affaires de la population juive en Russie, n'a dû prendre connaissance des livres où sont compilés les renseignements sur la situation intérieure des communautés israélites ; pas un, disons-nous, n'a pu jusqu'à ce jour fournir l'exacte statistique de la population juive, comprise dans son rayon, et cela sous prétexte de défaut de temps.

Cependant la véritable réponse qui résulte de plusieurs rapports, dont la citation serait trop longue et ennuyeuse, est que tous les règlements et ordonnances concernant les rabbins, ainsi que leur fonction spirituelle, ont subi le sort de toutes les lois qui avaient été promulguées en Russie relativement à la question juive ; car la vie et la conduite de cette population dans l'empire furent toujours dirigées par le *Kahal* de manière à éluder ces lois. La seule différence qui existe est que, depuis l'introduction de la nouvelle organisation, la population juive n'est plus restée sous l'influence des membres fanatiques et ignorants de chaque *Kahal*, bien des rabbins étant élevés sous la protection et sous la surveillance du gouvernement.

Ce qui ne les empêchera pas d'agir toujours dans le sens du fanatisme talmudique, c'est-à-dire dans le sens de l'influence de ceux-là mêmes qui avaient été chargés de diriger dans un autre sens la population juive, sur laquelle ils devaient avoir acquis un grand crédit par leur science et leur position officielle.

Dans ces écoles établies par le gouvernement russe dans le but, comme nous l'avons dit plus haut, d'arriver à une solution satisfaisante de la question juive, on donna, dès le début, le haut pas à l'esprit exclusivement tamuldo-national, et tous les rabbins qui sortaient de ces écoles, pour occuper des positions officielles dans un certain rayon, furent pénétrés de cet esprit exclusif, qui influait sur la conduite de toute leur vie ainsi que sur leurs actions et sur les principes qu'ils enseignaient aux leurs.

Les journaux israélites Sion, Gamelitz-Hakarmel et plusieurs autres, rédigés par la nouvelle génération de rabbins sortis des deux écoles établies en Russie, affirment que l'esprit et la tendance sont absolument les mêmes. Dans ces journaux, on ne trouve que des lamentations sur le sort du peuple d'Israël, des récits de persécutions auxquelles ce peuple est exposé de la part des Chrétiens, des atrocités consommées sur les Juifs au Moyen-Age, ainsi que de longues dissertations sur la supériorité du peuple d'Israël sur les autres peuples. Enfin ces journaux sont remplis de toutes ces déclamations surannées, qui depuis longtemps sont oubliées par la génération actuelle des Juifs, mais qui tendent à entretenir leur fanatisme et l'idée de l'état de séparation complète dans laquelle ils doivent se tenir vis-à-vis des populations indigènes des pays qu'ils habitent.

Comme on le voit, la nouvelle organisation introduite par Napoléon Ier en France, dans le but d'exercer une influence sur la population juive par les rabbins, organisation qui fut imitée par l'Allemagne et par la Russie dans les anciennes provinces polonaises, a eu partout un résultat négatif.

Si l'on ajoute encore que de tous les moyens imaginés pour rapprocher et confondre la population juive avec la population indigène de Russie, le meilleur serait de faire élever les enfants de ces deux éléments différents dans les mêmes écoles, où la civilisation chrétienne porterait un coup mortel au fanatisme du judaïsme, on comprendra de quelle importance fut pour les meneurs juifs cet établissement de deux écoles de rabbins et d'une quantité de gymnases préparatoires, et comment ces établissements ont été contraires à l'intérêt général de la Russie.

L'historien juif *Jost*, parlant d'un Israélite auquel Charlemagne avait confié une importante mission, dit que les Juifs durent profiter d'une circonstance si favorable pour servir l'intérêt de leur religion[69]. Ce n'est là que la confirmation de cet aphorisme, que *les Juifs savent toujours tirer profit pour leur religion et le drapeau du Talmud, non seulement des circonstances favorables, mais aussi des événements les plus défavorables à leur nationalité.*

---

69 — *Geschichte des Judenthums*, t. II, p. 384.

XXI

Preuves à l'appui.

VOICI les actes et documents, traduits du *Livre sur le Kahal*, de Brafmann, que nous avons annoncés comme servant de preuve matérielle à tout ce qui précède :

N° 18.
De l'élection des membres du Kahal.

Mercredi, 16 Sivon 5556.

Les représentants de la réunion générale ont décidé d'ordonner les élections pour les membres du *Kahal* qui devront fonctionner l'année suivante. Ces élections doivent être faites selon le mode prescrit par la loi du Talmud. Les électeurs du second degré éliront neuf membres du *Kahal* ; à savoir : quatre *Rochims* (têtes), trois *Touvims* (représentants) et deux *Ykovims* (membres réels). - Ne peut être élu à la dignité de Rochim que celui qui a été déjà nommé, à cette dignité au moins une fois. Les électeurs doivent prêter serment de n'avoir pas d'autre stimulant, dans le choix qu'ils feront, que celui du bien général de la population. Les élus devront aussi prêter serment qu'en remplissant leurs fonctions ils n'agiront qu'au profit du bien général, avec la plus parfaite impartialité. Chaque élu renoncera, pendant tout le temps que durera sa fonction, à accepter une charge quelconque dans la confrérie *Hevra-Kadische* (des funérailles)[70].

Chacun des cinq élus prêtera serment dans la forme suivante : « Je jure, sous peine du *Herem*, de n'employer dans l'élection que je ferai ni hypocrisie, ni ruse, ni aucun intérêt personnel, et que j'emploierai pour accomplir cette élection tout mon savoir et toute mon intelligence, afin de n'élire que ceux qui seront utiles au bien général de la population israélite de cette ville. »

---

70 — Le Kahal ayant le pouvoir suprême sur toutes les confréries, la participation d'un membre du Kahal à une confrérie quelconque paralyserait le libre arbitre de ce membre.

Qu'elle soit à jamais bénie l'heure où nous commençons le scrutin des cinq électeurs du deuxième degré qui doivent élire les neuf membres du *Kahal*, cejourd'hui, le 15 Sivon 5556.

N° 67.
De l'élévation aux dignités.

Mercredi, quatrième jour de Pâque 5559.

Les chefs de la ville annonçaient à toute la population que le nommé *Samuel*, fils de *David*, a été élevé à la dignité de *Moreïne* (noble-né). Dès aujourd'hui on l'invitera à se rendre à la synagogue et à s'approcher de la Fova, en prononçant les paroles suivantes, *Moreïne* Gavav Rabbi Samuel Begahover Reb David (le très haut et très noble Rabbi Samuel, fils du Habor Rebe David).

N° 112.
De l'autorisation de devenir électeur.

La veille de jeudi, 19 Nisan 5561.

Les (têtes) chefs de la ville, les membres du *Kahal* et les membres réels de la réunion générale ont décidé d'accorder pour toujours le droit d'électeur à Rebe *Mechoulam Faïfisch*, fils d'*Isaac*. Dès aujourd'hui il est membre de la réunion générale et devra prendre part à toutes les décisions. En outre, tous les privilèges que possèdent les chefs de la ville qui remplissent ces importantes fonctions pendant deux ans de suite, s'ont aussi accordés audit Rebe *Mechoulam*, qui a versé dans la caisse du *Kahal* la somme entière exigée pour l'acquisition de ces dignités. En foi de quoi, les quatre notaires de la ville ont signé l'acte.

N° 134.
De la perte du titre de Moreïne.

Samedi, 25 Sivon 5562.

Les membres du *Kahal*, après délibération, ont décidé :

Considérant qu'il a été-prouvé à la séance précédente[71] que le Rebe Josée, fils d'Aviel, par sa dénonciation contre le *Kahal*, avait exposé cette institution israélite à supporter de très grandes dépenses, afin d'amortir l'effet de ladite dénonciation ;

Considérant que, pour ce motif, le *Kahal* a décrété d'ôter au dit Rebe Josée la moitié de place à la synagogue ;

---

71 — L'acte classé dans le *Livre sur le Kahal*, de Brafmann, sous le n° 432.

Ayant reconnu que cette punition n'est pas assez forte, le *Kahal*, dans sa séance d'aujourd'hui, voulant l'augmenter, décrète : que ledit Rebe Josée, fils d'Aviel, sera privé pour toujours du titre de *Moreïne*. Par conséquent, lorsqu'il arrivera à la synagogue pour faire la prière, on l'invitera à s'approcher de la Fova après tous les autres, et celui qui l'appellera devra faire précéder son nom de Habor (goujat, mal-né).

En outre, il est interdit à Rebe Josée, fils d'Aviel, de se présenter jamais devant le saint tribunal *Bet-Dine*.

N° 170.

De la punition pour désobéissance.

Lundi, 22 Elivat 5562.

Les membres du *Kahal* considérant que le Rebe *Haïm*, fils d'*Abraham*, ayant insulté une fois déjà le président du *Kahal*, infraction pour laquelle il a été puni de la perte du titre de *Moreïne*, et d'une amende de 5 ducats au profit de la caisse du *Kahal* ; que ledit Rebe Haïm, au lieu de se corriger, a eu le malheur de nouveau, en s'approchant de la sainte table, d'injurier, d'une manière grave, et cela en présence de quelques personnes, plusieurs membres du *Kahal* ;

Le *Kahal* décide, au grand complet, que ledit Rebe Haïm, fils d'Abraham, sera exclu pour toujours de la confrérie des funérailles, dont il faisait partie jusqu'à ce jour ; qu'en outre il est condamné à 10 ducats d'amende qu'il doit verser immédiatement à la caisse du *Kahal*. - Quant à son, titre de *Moreïne*, dont il a été déjà privé dans la séance précédente[72], il est enjoint aux notaires de la ville de ne point mettre ce titre, même dans les actes écrits, lorsqu'ils devront mentionner le nom de Rebe Haïm, fils d'Abraham.

N° 201.

De l'élévation à la dignité de membre du Kahal.

Dimanche, section Ahvaï 5562.

Les membres du *Kahal* ont décidé que le Rebe Isaac, fils de Guerson, pourra prendre part aux élections générales, et en outre qu'il sera élevé à la dignité de *Mi-Chegoï-Fouvim* (membre du *Kahal* et représentant de la réunion générale), à la condition qu'il obtiendra l'approbation du Gaon (président du *Bet-Dine*).

---

72 — Ibid., sous le n° 167.

N° 210.

De l'élection des Daïons (juges).

La veille de jeudi, 13 Nisan 5562.

Les membres du *Kahal* et de la réunion générale ont décidé que les élections pour les *Daïons* se feront cette année avant les élections générales de la Pâque ; que dans cette élection préparatoire, faite par la réunion générale, ne pourront prendre part ni le Gaon actuel, ni son fils Michel.

N° 219.

De l'élection des juges inamovibles.

Mardi, le quatrième jour de Pâque 5552.

Les membres du *Kahal*, dans une séance extraordinaire, ont décidé de recueillir, au scrutin secret, les votes de tous les membres de la réunion générale pour la nomination de cinq juges inamovibles.

Les votes seront recueillis de la manière suivante : les *Chamoches*, munis d'une liste des candidats, se rendront à la maison de chaque membre de la réunion générale, et celui-ci donnera en secret le nom du candidat choisi par lui. Il est fait défense aux *Chamoches*, sous peine du *Herem*, de lire et de montrer aux autres membres le bulletin qu'ils recueilleront chez chaque membre.

XXII

Les *Mélamèdes*, maîtres d'école et précepteurs juifs. — Le *Heder* ou école. — Plébéiens et patriciens juifs. — Ceux-là sont condamnés à être les subalternes et très humbles serviteurs de ceux-ci. — Les élèves des Mélamèdes. — État de la question scolaire chez les Juifs. — Tout par et pour le Talmud. — *Eschabots, Talmudors, Clauzers*: taudis à écoliers.

*I*L importe de consacrer un chapitre aux *Mélamèdes*, précepteurs juifs en général et à l'éducation chez les Juifs[73].

Le premier désir des parents d'un enfant de sexe masculin est de le voir un jour *Talmudi Hahan* (savant versé dans la science talmudique). En conséquence, chaque Juif, même le plus pauvre, après avoir attendu avec une certaine impatience le temps où son fils atteindra l'âge de cinq ans révolus, le mène chez le *Mélamède*, dans le *Heder* (école), en apportant toutes les économies ramassées, centime par centime, depuis la naissance de ce fils chéri ; et pendant tout le temps de son éducation, qui dure jusqu'au jour de son mariage, c'est-à-dire jusqu'à dix-sept, dix-huit ou dix-neuf ans, le père se résigne à supporter toute espèce de privations, afin de pouvoir fournir à l'éducation de son fils. Il n'est donc pas étonnant que, par suite de cette disposition générale chez la population juive en faveur de l'éducation des enfants mâles, il se trouve une grande quantité de *Heders* dans chaque communauté, et que de très grandes sommes d'argent soient employées à leur entretien.

---

73 — *(note de Lenculus)*. Les frères Tharaud Jérome et Jean ont décrit dans un de leurs ouvrages : *L'ombre de la croix*. 1917. et dans : *Petite histoire des juifs*. 1927. Une description fort réaliste, de la vie dans une de ces écoles. On pourra donc apprendre sur l'éducation et la souffrance de ses enfants apprenant avec piété et terreur les arcanes de la religion, ainsi que la soumission au *Kahal*.
http://www.histoireebook.com/index.php?category/T/Tharaud-Jerome-et-Jean

Quelle est donc la cause qui fait naître chez tous les Juifs en général l'idée de voir arriver leurs descendants de sexe masculin à la position de *savant en science talmudique* ?

Les auteurs juifs, même les plus civilisés, voudraient persuader dans leurs ouvrages, journaux, brochures, etc. ... sur les *Heders*, et les *Mélamèdes*, que cette propension à l'éducation chez les Juifs provient de la force du sentiment religieux inné dans le peuple... Pour nous, après avoir approfondi et étudié la vie juive dans toutes ses phases, nous croyons que cette propension générale a une tout autre cause. Voici pourquoi :

Le Talmud, dont la science sert de guide au peuple juif, partagea, dès la plus haute antiquité, les Israélites en deux classes distinctes ; les *patriciens* et les *plébéiens*, et détermina ainsi les rapports mutuels de ces deux classes.

Six points ou conditions, dit le Talmud, doivent être observés envers un *Am-Gaaretz* (plébéien ou roturier) :

1° Personne ne doit lui servir de témoin ;
2° Il n'est pas digne non plus de servir de témoin à quelqu'un ;
3° Un *Am-Gaaretz* ne peut être initié à aucun mystère ;
4° Il est défendu de le nommer tuteur ;
5° Il ne peut remplir la fonction de gardien dans une société de bienfaisance ;
6° Il est défendu de se mettre en route avec un *Am-Gaaretz*.

Outre ces six points, le Talmud ajoute qu'on ne doit point faire de publication lorsqu'un *Am-Gaaretz* perd de l'argent ou un objet quelconque, ce qui signifie que l'objet ou l'argent perdu par lui appartient de droit à celui qui le trouve[74]. - Bien plus saillantes encore sont les citations du Talmud relatives aux *Am-Gaaretz* dans ces mots du rabbi *Eléazar* : « Il est permis d'étouffer un *Am-Gaaretz* le jour du jugement, lors même que ce jour tomberait un samedi » ; puis il ajoute :

« On peut trancher en deux parts un *Am-Gaaretz*, comme on habille un poisson ». - Les rabbins disaient aussi. « Un Juif qui se respecte ne doit jamais prendre pour femme la fille d'un *Am-Gaaretz*, car lui-même est un reptile, sa femme un crapaud, et quant à sa fille, il a été dit : « Maudit sera celui qui entrera en liaison intime avec un animal, et les liens de famille avec un *Am-Gaaretz* sont considérés comme des rapports impurs avec les animaux. »

Ces déclarations du Talmud ont fait considérer le plébéien juif

---

74 — *Traité de Talmud. - Pessahime*, p. 98.

comme un esclave, et, malheureusement pour lui, il a conservé jusqu'à nos jours presque entièrement ce sceau de réprobation des premiers temps. Le présent ouvrage, appuyé d'actes et de documents publiés par Brafmann, lesquels font connaître parfaitement cette république juive *talmudo-municipale*, démontre clairement qu'auprès du *Moreïne* (patricien) qui prend part avec voix délibérative à toutes les décisions dans les réunions où s'agitent les questions d'intérêt juif en général, et qui a le droit d'être électeur et éligible, comme membre de toutes les institutions supérieures, le pauvre plébéien est privé de tout droit, humilié, persécuté et quasi maudit. C'est un véritable *paria*.

Si encore on prend en considération cette question digne de remarque qu'en Russie, par exemple, les impôts que les Juifs doivent payer sont perçus par les autorités russes d'après la répartition préparée et faite par le Kahal, institution juive composée de *patriciens* (*Moreïne*) on peut en conclure de quel énorme poids est écrasé dans ce pays le pauvre plébéien... En vain cherchera-t-il justice auprès de l'autorité civile du pays, en vain réclamera-t-il sa protection, le puissant Kahal possède à son service une quantité de moyens qui lui donneront toujours raison ; il a des facteurs avec le talisman dont nous avons parlé aux chapitres v et vi, il fournira de faux témoins, il a de l'argent dans sa caisse pour étouffer toute affaire désagréable pour lui, et, grâce à tous ces moyens illicites, les autorités locales, dirigées pour ainsi dire par le Kahal, remplissent le triste rôle de *Pilate* dans toute la signification attachée à ce nom.

Il faut ajouter qu'outre l'impôt en argent, qui ne peut être acquitté qu'au prix de très grandes privations par le pauvre plébéien, ce dernier est encore destiné à payer l'impôt du sang, c'est-à-dire du recrutement. Il est avéré qu'en présence de cette énorme quantité de *Heders* parmi la population juive, où des milliers de paresseux consacrent toute leur vie à étudier la loi du Talmud, cent mille Juifs environ, pendant ces quarante dernières années, ont été incorporés dans l'armée russe ; pas un n'appartenait à la classe des patriciens *Moreïne*, mais tous, sans exception, faisaient partie de la plèbe juive.

Nous pensons donc que ce sont là les motifs qui poussent le plus la population juive à chercher dans les *Heders* les moyens de soustraire les enfants à l'ignominie attachée à la caste des *Am-Gaaretz*, c'est-à-dire de tous ceux qui ne sont pas *Moreïne*. Et c'est par le *Heder* seul qu'un plébéien peut, en devenant *Talmudi Hahan*, effacer cet injuste cachet que le Talmud a imprimé à tout plébéien juif.

D'après notre conviction, basée sur l'étude approfondie de la question juive, cette éducation, professée par les *Mélamèdes* dans les *Heders*, ne pourra en rien influer sur le sort actuel du plébéien juif, et aucun projet, aucun essai de réforme entrepris par les gouvernements des différents pays, relativement à cette grave, scabreuse et importante question n'aboutira à un résultat satisfaisant, car tant que subsistera le pouvoir du Juif patricien sur le Juif plébéien, des *Moreïne* sur les *Am-Gaaretz*, pouvoir qui se perpétuera aussi longtemps que les gouvernements des nations chrétiennes toléreront dans les villes grandes et petites l'agglomération de ces masses de paresseux improductifs dont à peine un sur cinquante exerce un métier utile à la société, et dont les quarante-neuf autres doivent nécessairement chercher des moyens d'existence dans le trafic mesquin et honteux, dans l'usure, dans l'agiotage et dans une quantité d'autres occupations de ce genre, si nuisibles aux habitants chrétiens des villes et des campagnes environnantes, le pouvoir du Juif *Moreïne* (patricien) sur le Juif *Am-Gaaretz* (plébéien) doit nécessairement peser et durer aussi longtemps que ce dernier ne s'en affranchira pas en cultivant la terre comme la cultivent les indigènes du pays, ou en se livrant à un travail de manœuvre. Par ce travail productif, qui sera aussi utile à la société chrétienne qu'au juif plébéien lui-même, celui-ci gagnera son indépendance et ne sera plus soumis à cette tyrannique autorité dont le *Kahal* s'est emparé et qu'il exerce despotiquement parmi les populations juives.

Voyons maintenant, en quelques mots, de quelle manière se fait l'éducation dans les *Heders* et ce que sont les *Mélamèdes* qui se destinent à l'enseignement.

Le système d'éducation chez les Juifs n'est point organisé en institution. Aucune subvention n'est portée au budget du *Kahal*. Pour devenir précepteur, il n'est pas nécessaire de subir un examen quelconque ni de posséder un diplôme. Chaque individu qui croit sentir en lui le feu sacré peut consacrer son temps à enseigner. Comme il n'y a point de fonds publics destinés à l'éducation, il n'existe pas de règlements qui imposent un certain système à suivre dans l'enseignement. Chaque Juif peut élever son fils comme bon lui semble, et pourvu qu'il tombe d'accord avec le *Mélamède* quant au prix, au nombre d'élèves et au choix des études, tout est dit. Entre la grande quantité de *Heders*, et par conséquent de *Mélamèdes*, qui existent dans chaque communauté juive, il n'y a absolument aucune entente sur la manière d'enseigner. Chaque Melamède suit son système à lui, ne tenant compte d'aucune méthode, fût-elle reconnue bonne, ni d'aucun programme pratique, et pourvu qu'il puisse arriver à faire tort à ses nombreux concurrents, il est satisfait. La fonction et le titre de *Mélamède* ne sont pas trop à envier, et ce n'est qu'à la dernière extrémité qu'un Juif, qui n'a pu réussir dans d'autres branches d'affaires, s'accroche à cette ingrate profession. A ce propos, il existe un proverbe chez les Juifs : « Il n'est jamais trop tard pour rencontrer la mort et la profession de *Mélamède* ».

L'année scolaire des *Mélamèdes* est divisée en deux semestres. Le premier semestre commence un mois après la fête de la Pâque, au mois de *Nisan* (avril) et le deuxième dure jusqu'à *Rosch-Haschana* (nouvelle année), qui tombe au mois de *Fischery* (septembre). Le deuxième semestre compte depuis la *Rosch-Haschana* jusqu'à la Pâque. A chacune de ces fêtes, il y a un mois de vacances ; de cette manière, chaque semestre est de cinq mois d'études.

Pendant le mois des vacances, le *Mélamède* s'occupe à chercher de nouveaux élèves et tâche le plus qu'il peut de trouver ces élèves parmi la classe riche ; mais dans ce cas, les parents exigent que le nombre des élèves soit restreint. Après avoir ainsi recruté le plus d'élèves possible, il commence la classe tous les jours de neuf heures du matin à neuf heures du soir, excepté les samedis et les jours de fêtes, pendant cinq mois, enseignant à ces enfants tout ce qu'il est en mesure de leur apprendre.

Il serait difficile de définir d'une manière certaine la différence qui existe entre les *Heders* des diverses classes ; cependant on peut distinguer, quant à l'ensemble des études, quatre catégories :

1° *Heder Dardeke-Mélamèdine*, où les garçons apprennent seulement à lire et à écrire et où ils restent jusqu'à l'âge de sept ans.

2° *Heder Houomuche*, où l'on fait la lecture des *cinq* Livres, avec les commentaires de *Rache*, et où l'on doit rester pendant trois ans, jusqu'à l'âge de dix ans.

3° *Heder*, où l'on étudie le Talmud avec les commentaires de Rache ; on y reste deux ans.

4° *Heder*, où l'on étudie le Talmud avec plusieurs commentaires et le Code des lois du Talmud.

Dans ce dernier *Heder*, les élèves restent jusqu'au jour de leur mariage, et même deux ou trois ans après, c'est-à-dire tant que le nouvel époux est entretenu par les parents de sa femme.

Les *Heders* de ces quatre catégories sont partagés encore, chacun en deux classes : la première, fréquentée par les fils des *Moreïne* (patriciens) et la seconde où il n'y a que les enfants des plébéiens. Comme, dans la synagogue, un plébéien n'oserait prendre place à côté d'un patricien, le fils de celui-là ne se hasarderait pas, dans un *Heder*, à s'asseoir sur le même banc que le fils de celui-ci. Une pareille insulte à la dignité de *Moreïne* serait considérée par cette caste aristocratique comme très humiliante pour elle ; aussi un tel oubli de la distinction des castes ne se voit-il que très rarement parmi la population juive.

Il ne faut cependant pas croire que les élèves qui fréquentent une catégorie d'écoles restent tout le temps exigé dans le même *Heder*. Généralement ils changent chaque semestre et vont étudier dans un autre *Heder* de la même catégorie, mais où enseigne un autre *Mélamède*. De cette manière un enfant juif qui commence ses études à cinq ans parcourt, avant de finir son éducation, au moins vingt *Heders*, où vingt *Mélamèdes* différents qui lui enseignent ce qu'ils savent eux-mêmes. Il reste à savoir si ce continuel changement est favorable au développement de l'intelligence...

Le prix que les *Mélamèdes* reçoivent pour chaque élève varie, selon la fortune des parents, depuis 10 francs jusqu'à 500 francs par semestre. Le nombre des élèves dans les deux premières catégories est généralement de 15 à 20 ; dans les deux autres, il ne dépasse jamais 8 à 10. Comme il a été déjà dit plus haut, on chercherait vainement chez les *Mélamèdes* une méthode quelconque dans la manière d'enseigner ; aussi, généralement, ils ne conservent que pendant un semestre leurs élèves, lesquels ayant appris tout ce que le *Mélamède* sait lui-même, vont chercher une nouvelle instruction dans un autre *Heder* dirigé par un *Mélamède* plus savant. Il est rare qu'un *Mélamède* soit assez savant pour devenir rabbin, car s'il possédait assez de savoir pour cela, il ne remplirait pas la très pénible profession à laquelle il s'est voué.

L'examen des élèves se fait tous les samedis. Le père, après les tracas de la vie quotidienne pendant toute la semaine, se repose le jour du sabbat, et, profitant de ce repos, veut se donner la satisfaction de voir par lui-même si son fils est assez fort en science talmudique, ou bien d'assister au moins, s'il n'est pas versé dans cette science, à un examen qu'un plus savant voisin, invité par lui, fera subir à l'enfant. Le succès des élèves est tout naturellement la meilleure des recommandations pour le *Mélamède*. Quant aux locaux des *Heders*, personne ne s'en inquiète, ni les parents, ni les Mélamèdes, ni les enfants. On n'est pas exigeant sur ce point ; ces établissements d'instruction publique se trouvent généralement placés dans les plus étroites, les plus sales chambres des maisons les plus malpropres et, pourvu que celles-ci se trouvent à proximité de la demeure des élèves, tout le monde est satisfait.

Le calcul et la calligraphie ne sont point compris dans le programme des études. Les professeurs de ces deux branches se rendent dans les maisons particulières ou dans les *Heders*, et sont rétribués à raison du nombre d'heures qu'ils passent à enseigner. Il arrive aussi quelquefois que dans les *Heders* fréquentés par les fils de *Moreïne* (patriciens), on engage des professeurs de langues étrangères, d'allemand, de français, d'anglais, d'italien, pour y donner des leçons. Les *Mélamèdes* de ces *Heders* sont très friands de pareilles occasions, car ils en profitent toujours un peu pour s'instruire eux-mêmes.

Les orphelins ou les enfants des pauvres fréquentent une école publique établie aux frais de la communauté. Cet établissement porte le nom de *Talmudor*, et le nombre des élèves y est illimité. Le *Mélamède* qui y enseigne reçoit sa rétribution de la société de bienfaisance. Les élèves qui en sortent sont, en général, des aspirants Mélamèdes. Ce sont ces pauvres jeunes juifs qui, n'ayant pas de quoi payer leur loyer, cherchent un refuge pour la nuit dans les Eschabots, Talmudors, Clauzers, etc, c'est-à-dire dans les bâtiments situés dans la cour de la synagogue principale, et dont il a été question ci-dessus. Un autre proverbe juif dit que ces aspirants savants « consomment les jours pour se nourrir » ; cela veut dire que chaque jour ils sont invités et nourris par une autre famille juive. Leur existence est toujours pénible et précaire. Généralement ils ne se marient qu'avec les filles des plébéiens, qui sont flattés de posséder dans leur famille un quasi-savant. Il arrive cependant, mais rarement, qu'un de ces élèves sortis de l'école gratuite et qui vagabonde pendant un certain temps dans les Eschabots, Talmudors, etc., devient un véritable savant dans la science talmudique, et alors, obtenant le titre de *Moreïne*, *Ilui* (véritable savant dans la science talmudique) et alors, obtenant le titre de *Moreïne*, il se marie avec la fille richement dotée d'un patricien ; il parvient même quelquefois à être rabbin ; c'est le bâton de maréchal d'un aspirant *Mélamède*.

XXIII

Le *Yom-Kipour*, jour de la rémission des péchés, et le *Gatorat-Nedovime*, cérémonie de l'absolution. — Comment on allège la mémoire au lieu d'alléger la conscience du pécheur juif. — La fameuse prière de *Kol-Nidre* qui délie de tous les engagements et serments de l'année : jubilé annuel fort commode et assez scandaleux. — Le *Gatovat-Nedovime* et le *Messirat-Madna*, autres cérémonies non moins commodes, qui autorisent le faux serment et le faux témoignage dans les procès des Juifs contre les Chrétiens. — Et maintenant, à Jérusalem !

Nous appelons l'attention de nos lecteurs sur *Yom-Kipour* (jour de la rémission des péchés) et sur la cérémonie *Gatorat-Nedovime* (absolution).

Au chapitre XIII, nous avons parlé de la journée de *Rosch-Haschana*, nouvelle année chez les Juifs, dans laquelle commence la période de dix jours de pénitence nationale *Yom-Kipour*, qui est la dernière et la plus importante journée de cette période. C'est le dixième jour du mois de *Fischery*, consacré à la rémission des péchés.

Au temps de la gloire du temple de Jérusalem, les portes du *Sancta Sanctorum*, fermées pendant l'année entière, s'ouvraient durant cette journée solennelle devant le grand prêtre, qui à son retour apportait au peuple, dans l'attente et l'inquiétude, le pardon de *Jéhovah*. C'était la journée de la confession et de la mortification mais en même temps le moment de la plus haute réjouissance spirituelle chez le peuple juif.

Aujourd'hui, à l'instar de la journée de *Rosch-Haschana*, *Yom-Kipour* est une journée de désolation, de gémissements et de pleurs. Dans cette journée, *Jéhovah* confirme le sort échu à chaque Juif. Si celui dont la destinée était de souffrir l'année suivante n'a pas pu, pendant la période de dix jours de pénitence se concilier les bonnes grâces de *Jéhovah* et que le jour de *Yom-Kipour* soit arrivé, il ne pourra plus invoquer sa miséricorde et devra subir sa cruelle destinée. Par ces motifs, la journée de *Yom-Kipour* est une journée de crainte et de grande mortification chez les Juifs.

La plus stricte continence, commence deux heures avant le coucher du soleil, la veille, et dure jusqu'au soir de la journée *Yom-Kipour*. Pendant vingt-six heures, toute la population juive (excepté les enfants au-dessous de douze ans) ne mange ni ne boit, pas même une goutte d'eau, employant tout ce temps à prier et à pleurer.

Aux prières récitées habituellement les jours de fête, — prières qui sont remplies de souvenirs patriotiques rappelant la gloire passée du peuple d'Israël, ses persécutions, sa prochaine grandeur, et son retour prochain à Jérusalem, — on ajoute encore le jour de *Yom-Kipour* certaines formules de confession. Ces formules sont curieuses sous ce rapport que la classification des péchés, dont chacun ce jour-là doit se confesser, est faite par ordre alphabétique. Manière originale qui obscurcit même le sens des péchés, et dont quelqu'un a dit : « Les auteurs de ces formules ont eu probablement en vue d'alléger plutôt la mémoire que la conscience du pécheur ».

La plus importante prière par laquelle commence la cérémonie de *Yom-Kipour*, est *Kol-Nidre*. Lorsque la veille au soir toute la population juive des deux sexes, y compris les enfants au-dessus de douze ans, en habits de fête, est réunie à la synagogue ; lorsqu'on a allumé une grande quantité de cierges et que le chantre avec le *chœur*, ayant pris sa place ordinaire, est prêt à entonner les cantiques, celui qui, ce jour-là, préside la cérémonie, découvre, avec un recueillement partagé par toute l'assistance, le *Kivot* (arche) et en ôte la *Tora*. Tout le monde chante et répète par trois fois la prière de *Kol-Nidre*, dont le sens cependant ne cadre pas avec le profond recueillement avec lequel elle est psalmodiée. Le sens de cette prière est une complète négation, un désistement de tous les vœux, promesses, serments, engagements, que chacun a pu faire pendant l'année écoulée et qu'il n'a pas remplis, ayant la conviction qu'après avoir récité trois fois la prière du *Kol-Nidre*, il lui sera permis de ne pas tenir, durant l'année qui va s'ouvrir, les vœux, serments, engagements qu'il a contractés pendant l'année qui vient de finir. En présence de ce manque de parole publiquement avoué et changé en prière, la bonne foi, qui est la base de la société, doit nécessairement être gravement atteinte. Ce fait est si révoltant, qu'il a même été condamné par quelques savants interprètes du Talmud ; mais les vieux usages, si commodes pour les consciences peu sévères envers elles mêmes, ont été néanmoins conservés. La cérémonie et la prière de *Kol-Nidre* occupent une place importante parmi les cérémonies de la religion juive.

Outre le *Kol-Nidre*, les Juifs ont encore le *Gatoval-Nédovme* et la *Messirat-Madna*, cérémonies qui laissent la faculté à chaque Juif de prêter un faux serment et de servir de faux témoin en faveur d'un autre Juif qui est en procès avec un Chrétien ; ainsi le remords de conscience, si puissant chez le Chrétien et qui le conduit quelquefois à l'aveu spontané de sa faute, est sans effet sur le Juif, qui trouve le calme de la conscience... dans la pratique de cette cérémonie.

A la chute du jour, lorsque la prière touche à sa fin, et comme conclusion de la fête, le cor sonne et toute l'assistance de crier : Lechana, Gabaa Birou-Chelaim : l'année prochaine, à Jérusalem !

Le Kahal a soin que, ce jour-là, les prières se fassent en commun à la synagogue et non dans les maisons privées, comme cela arrive parfois. On atteint ainsi ce double but, de perpétuer une cérémonie importante du culte et d'ajouter au revenu du Kahal.

Brafmann cite, dans son *Livre sur le Kahal*, plusieurs documents qui ont quelque rapport avec ce qui a été dit dans ce chapitre. Celui qui est classé sous le n° 30 se trouve, déjà cité au chapitre XIII.

Carte postale représentant le Tsar Nicolas II, en coq, victime expiatoire des péchés du juif.

La haine et le mépris juif dans toute sa réalité.

On pourra lire pour s'en convaincre le livre de Netchvolodow A. *L'Empereur Nicolas II et les Juifs ; Essais sur la révolution russe dans ses rapports avec l'activité universelle du Judaïsme contemporain.* 1924.
http://www.histoireebook.com/index.php?category/N/Netchvolodow-A

XXIV

La cérémonie du Caporet comme purification. — Le Juif attrape un coq, la femme juive attrape une poule ; on les jette au loin, puis on les tue et les mange avec appétit... et on est purifié.

𝓟ASSONS à, la cérémonie du *Caporet (Kapparot)*, cérémonie de la purification à l'aide d'une offrande. La cérémonie du *Caporet* est un usage complètement païen. Voici en quoi elle consiste :

Dans la matinée de la veille de *Yom-Kipour*, le Juif attrape par les pattes un coq vivant, et, l'élevant au-dessus de sa tête, il fait trois fois le tour de la chambre en récitant la prière :

« Ce coq va être mis à mort, mais moi je vivrai éternellement heureux. » Après quoi, il prend le coq par la tête et le jette au loin. La femme juive exécute la même cérémonie avec la poule.

Par cette promenade autour de la chambre avec le coq et la poule, le Juif et la femme juive sont dans la conviction de s'être débarrassés de tous leurs péchés, en les transmettant à ces gallinacés, qui sont ensuite tués et mangés probablement avec beaucoup d'appétit, après le fameux jeûne de vingt-six heures accompli à l'occasion de *Yom-Kipour*.

XXV

La Mikva, purification spéciale à la femme. — Jadis un ruisseau d'eau vive, aujourd'hui un grand bassin d'eau sale, une cuve sordide, où les femmes vont faire deux ou trois plongeons suivis d'une horrible opération de rince-bouche. — Le tout sous les yeux et la baguette d'une affreuse mégère préposée à ce supplice digne de l'*Enfer* de Dante. — Il faut l'avoir vu pour le croire, mais cela est, et rapporte gros au *Kahal*.

Il y a encore la *Mikva*, cérémonie de la purification de la femme.

La *Mikva* est un grand bassin rond rempli d'eau, dans lequel les femmes juives doivent, pour leurs relevailles, ainsi que chaque mois, se laver pour purifier leur corps.

Dans l'antiquité, lorsque les Juifs réglaient leur vie selon les lois de *Moïse* et non selon celles du Talmud, la femme juive, pour ses relevailles, apportait une offrande au grand prêtre, et le soir de la même journée elle se purifiait par quelques ablutions, sans avoir besoin de se plonger dans l'eau vive d'un ruisseau[75]. Mais depuis que les Juifs se sont laissé guider par les lois du Talmud, les interprètes de ces lois ont entouré la cérémonie de la purification de la femme d'une quantité de minutieuses inventions (qu'on trouve détaillées dans le IVe livre de *Orah-Haim*, du § 183 au § 203). Ces tracassières inventions, dont le but était la conservation de l'influence sur la vie intime des Juifs, par un contrôle exercé dans les actes les plus secrets de la vie intime, ont eu un résultat tout à fait contraire à celui qu'on se proposait, c'est-à-dire qu'actuellement la femme juive, en accomplissant la cérémonie de la purification, ne lave pas son corps et ne le rend pas plus propre qu'il n'était avant, mais elle le salit davantage, et voici de quelle manière :

La *Mikva* est un bassin d'environ un mètre cube de contenance. Selon la loi du Talmud, ce bassin devrait être rempli d'une eau vive, mais comme, surtout pendant l'hiver, il serait trop pénible de se

---

75 — *Le Livre de Moïse*, t. III, ch. I, pp., 1-8, et ch. XIX, pp. 19-33.

plonger dans l'eau froide, on construit le bassin de manière à n'y faire arriver qu'une très minime partie de cette eau vive exigée par le règlement, et à l'aide d'un tube en fer-blanc placé à l'intérieur, on chauffe le bassin.

La *Mikva* se trouve toujours sous terre dans une cave plus ou moins spacieuse, et la cérémonie s'accomplit dans une demi-obscurité ; la cave n'étant éclairée que par une ou deux chandelles de suif. La femme juive qui arrive là pour les ablutions commence par se déshabiller et par démêler ses cheveux. Elle livre ensuite ses mains et ses pieds à la *Neguel-Schneidecke*, gardienne placée là exprès pour couper les ongles, et, en outre, pour arracher les croûtes des plaies sur le corps de celles qui ont le malheur d'en avoir, et cela afin qu'il ne se trouve sur le corps rien qui puisse empêcher l'eau de la *Mikva* de le baigner entièrement, sans quoi la cérémonie serait inutile. Après cette opération, la femme descend dans la *Mikva*, et, après avoir fait une courte prière, elle s'y plonge de manière à ce que pas un de ses cheveux ne paraisse à la surface ; elle doit attendre dans cette position le moment où la *Tukerke* (surveillante qui reste sur le bord du bassin), prononce le mot de *Kochère*. Un, deux, trois plongeons semblables, et la cérémonie est aux trois quarts accomplie, mais il en reste encore un quatrième, et celui-ci est le plus pénible de tous. La femme qui a plongé trois fois doit encore, se rincer la bouche avec l'eau de la *Mikva*, et ce n'est qu'alors qu'elle peut remonter les escaliers et céder la place à une autre. Deux femmes ne peuvent ensemble accomplir la cérémonie. Il faut que chacune le fasse séparément.

Dans une seule soirée, une centaine de femmes plongent de cette manière dans la *Mikva*, et, d'après le règlement du *Kahal*, inspiré par une sordide économie, l'eau du bassin n'est changée qu'une fois par mois, et quelquefois même plus rarement. Ainsi, dans cette eau putréfiée et remplie de miasmes, des centaines de femmes doivent accomplir la cérémonie de la purification, et chacune d'elles est obligée de se rincer la bouche avec cette saleté. Il est facile de comprendre que, dans ces conditions, la *Mikva* est un supplice pour la femme juive ; cette cérémonie est une cause de maladies de tous genres, qui se perpétuent ainsi parmi ce peuple voué à la saleté.

Qu'on se figure des centaines de femmes nues, échevelées, et souvent ensanglantées par suite d'un excès de zèle de la part de la Negel-Schneidecke, rassemblées dans un souterrain où vacille la flamme de deux ou trois mauvaises chandelles de suif, se pressant autour d'un bassin en attendant leur tour d'y entrer (bassin d'où s'échappent des miasmes à donner des nausées), regardant avec effroi celle de leurs compagnes qui vient d'accomplir la lugubre cérémonie, et qui, après s'être rincé la bouche avec cette eau fétide, vomit en remontant les degrés, et cède avec empressement la place à une autre que le même sort attend.

Au milieu de toutes ces femmes, la Tukerke, l'horrible mégère qui ne délivre ses patientes que quand il lui plaît de prononcer le mot *Kochère*, et qui, à son caprice, peut raccourcir ou prolonger le supplice ; ce tableau fantastique et horrible, semblable à une scène racontée par le *divin Dante* dans sa descente aux enfers, serait digne de la plume d'un grand poète et du pinceau d'un illustre peintre.

En parlant de cette cérémonie sauvage, barbare et digne des temps païens, on est pris d'indignation et l'on se demande s'il est possible qu'une pareille cérémonie puisse être exigée à titre d'acte religieux. Est-il possible qu'une action aussi dégoûtante s'accomplisse au milieu de la civilisation de la seconde moitié du XIXe siècle ?... Pauvres victimes du fanatisme entretenu et soutenu par les meneurs du judaïsme ! Pauvres femmes juives ! Il n'est pas étonnant qu'après les tortures qu'on vous fait subir au nom de la religion, votre jeunesse se fane si vite, qu'à vingt-cinq ans à peine vous paraissiez en avoir cinquante ! Il n'est pas étonnant que vous ayez si peu de goût pour la propreté, puisque au nom de la religion on vous prescrit de vous salir chaque mois dans une eau putréfiée.

Chaque femme juive qui, chaque mois, vient accomplir cette cérémonie révoltante, imposée par le fanatisme religieux, c'est-à-dire l'acte de la purification, est obligée de payer une rétribution à un entrepreneur à qui le Kahal vend, au profit de sa caisse, le droit de la percevoir, et qui, outre le revenu que cette barbare cérémonie lui rapporte, exerce encore un strict contrôle sur la vie la plus secrète des ménages juifs.

Brafmann cite, dans son *Livre sur le Kahal*, plusieurs ordonnances qui se rapportent à cette cérémonie. Deux de ces ordonnances, classées sous les n°s 133 et 149, ont été déjà citées dans les chapitres précédents.

XXVI

Kidesch et *Gabdala,* prières sur la coupe. — Vin ou pain, eau-de-vie ou bière. — Mais le vin ne manque jamais, et c'est grand honneur de l'offrir. — On rend grâces à Jéhovah de ce qu'on est son peuple élu.

*E*NFIN, le *Kidesch* et le *Gabdala* (prières sur la coupe).

La prière sur la coupe est une antique cérémonie des Juifs. Elle est pour ainsi dire le complément des autres prières récitées à la synagogue ou à la maison. Récitée la veille du samedi et des jours de fête, elle porte le nom de *Kidesch* ; récitée le samedi soir après le sabbat et à la fin de chaque jour de fête, elle se nomme le *Gabdala*[76] ; avec la coupe, sur laquelle le chantre récite à haute voix une prière, on donne quelques gouttes du vin qu'elle contient aux petits enfants présents à la synagogue. A la maison, chaque chef de famille récite une prière semblable, et tous les assistants, au souper du vendredi qui commence le sabbat, et à celui du samedi qui le finit, doivent goûter du vin contenu dans la coupe sur laquelle la prière a été dite. Lorsqu'il n'y a point de vin, on le remplace, pour le *Kidesch*, par le pain, et pour le *Gabdala* par de l'eau-de-vie ou de la bière. Bien entendu que le vin ne manque jamais pour la cérémonie de la synagogue, car chaque Juif riche se fait un grand honneur d'en fournir. Il en est même qui payent au Kahal le droit de pouvoir offrir le vin nécessaire à cette cérémonie.

La prière de *Kidesch* rend grâce à *Jéhovah...* « parce qu'il a élu pour son peuple favori le peuple d'Israël entre tous les autres peuples de la terre... » La prière de *Gabdala* rend à son tour grâce à Jéhovah « d'avoir séparé les jours dé fête des jours ordinaires, la lumière de l'obscurité, et le peuple d'Israël des autres peuples ».

---

76 — *Gabdala* signifie la différence qui existe entre un jour de fête et les journées ordinaires de la semaine.

XXVII

On ne naturalise *pas les Juifs.* — *Il faut qu'ils soient dépouillés du droit talmudique de dépouiller et d'exploiter les Chrétiens.* — *Il faut en finir avec ces agglomérations de Juifs qui ne font rien que la fraude, l'usure, l'agiotage, le mercantilisme, la vente de l'eau-de-vie, etc.* — *Il faut en faire des cultivateurs, des ouvriers utiles, et abolir, supprimer ces autorités usurpatrices qui les oppriment.* — *Il faut en faire des citoyens et des concitoyens.*

Après tout ce qui a été dit sur la vie intime et secrète des Juifs, dans les chapitres qui précèdent, il est facile de s'expliquer les persécutions qui, en tous pays et à toutes les époques, ont été dirigées contre ce peuple, *incorrigible*, *orgueilleux* et *fanatique*.

La jouissance des droits civils qu'on accordait à la population juive dans certains pays pour la *naturaliser*, a été, selon l'expression de Napoléon Ier, une illusion, quelque chose de temporaire.

Et voilà pourquoi, tantôt on a accordé, et tantôt on a repris cette jouissance aux communautés de ce peuple qui, obstinément rétif au droit commun, a persévéré, et persévère à vivre *isolé*.

Il est clair que la cause de cette persévérance est dans le judaïsme, c'est-à-dire dans les institutions nationales prescrites par le Talmud et protégées par le *Kahal* et le *Bet-Dine*. Aussi longtemps donc que durera l'autorité officielle du Juif, il existera toujours un royaume séparé d'Israël, avec son *Kahal*, son *Bet-Dine*, ses facteurs, son droit de *Hazaka* et de *Meropiié*, flanqué de toutes ces monstruosités dont nous avons entretenu le lecteur.

Les pays habités en grande majorité par des Chrétiens, mais où il se trouve une population juive même en minorité, seront toujours considérés par cette dernière, dit Joseph Kuung, comme « un lac libre où chaque Juif peut pêcher, c'est-à-dire *où* chaque Juif, qui achète du *Kahal* le droit de *Hazaka* et *Meropiié*, peut exploiter et dépouiller un Chrétien ».

Pour finir, nous répétons donc que tant que les gouvernements des nations chrétiennes toléreront ces grandes agglomérations de Juifs paresseux qui, ne travaillant à aucun métier utile, et par conséquent improductifs, doivent chercher les moyens de leur existence dans la fraude, l'usure, l'agiotage, le mercantilisme, la vente de l'eau-de-vie, etc., etc., agglomérations qui facilitent et étayent l'existence du Kahal et du Bet-Dine, c'est-à-dire de l'autorité du Juif sur le Juif... que tant que l'éducation des enfants juifs ne se fera pas *en commun* avec celle des enfants chrétiens et s'effectuera *séparément* dans les Heders et les écoles des rabbins, enfin tant qu'on ne forcera par les Juifs à devenir cultivateurs, ouvriers, etc. c'est-à-dire à tremper de leurs sueurs la terre qui les nourrit, toutes les mesures que ces gouvernements prendront pour résoudre la difficile question juive ne seront qu'un *pium desiderium sterile* !

Soustraire le Juif au droit et au devoir de caste nationale politique, administrative, éducatrice et religieuse, comme le soumettre à la vie publique commune en l'affranchissant des autorités usurpatrices qui ne subsistent et ne se perpétuent chez lui qu'à la faveur du fanatisme d'une religion d'où la vraie morale sociale est exclue, remplacer la tolérance des autorités, des sociétés qu'il exploite en parasite, par les règles d'administration appliquées à tous les citoyens, là est la solution.

En un mot, vie commune, charges communes, éducation commune, administration commune avec les sociétés chrétiennes, et en échange droit commun et égalité.

XXVIII [77]

Il n'est plus temps de rire. — Sait-on qui rira le dernier ? Au lieu de nier le danger, regardons-le en face. — Le Kahal est coriace et a la vie dure. — Rabbinat, judaïsme et jésuitisme. — Le Songe et l'Échelle de Jacob. — Pas de persécution brutale, mais pas d'illusions, ni de ménagements non plus. — Que la Russie avise sérieusement. — Qu'elle voie ce que les Juifs ont fait de l'agriculture. — L'idylle juive peut-elle durer et ne menace-t-elle pas de devenir un drame farouche ?

Nous pensons en avoir dit assez sur les prescriptions du *Kahal*, les bizarreries du droit coutumier et les particularités du rituel juif. Qu'on ne nous demande pas en quoi ces particularités et ces bizarreries peuvent constituer un péril. La question serait par trop inintelligente ; car une symbolique respectée est une solennelle constatation de la force.

Il fut un temps où la légèreté slave, au lieu de tirer de l'étude du monde juif de féconds enseignements, y trouvait une ample matière à moquerie. Ce temps n'est plus et on semble se douter que le dernier qui rira ne sera ni un Russe ni un Polonais.

Derrière ces étrangetés de l'organisation du monde juif, le *génie sémitique* dissimule la grandeur de ses conceptions. Et tout cela est très sérieux, très sévère, et porte en soi d'*inexorables conséquences*.

Il nous faut nous répéter. Il le faut, pour secouer la somnolence des peuples chrétiens, qui nient le danger afin de ne pas avoir à le regarder en face !

---

77 — L'auteur de ce travail a laissé une série d'études qui devaient y faire suite. Nous devons à sa chère mémoire de réunir ici les idées disséminées dans les écrits posthumes qui font corps avec son étude si importante par elle-même. Un intervalle de quelques années sépare ce qui va suivre de ce qui a précédé, et les idées de l'auteur ont dû être quelque peu modifiées, mais l'idée prédominante, celle du suprême danger du judaïsme, demeure et se manifeste avec plus d'énergie encore. (Note d'Albert Savine, l'éditeur parisien de 1887).

Reparlons donc du *Kahal*. L'esprit qui vivifie tout l'attirail administratif et judiciaire du *Kahal*, est un esprit exclusif, jaloux et intolérant. Institution hybride, soucieuse de la pureté du culte, c'est en même temps une ardente protectrice des intérêts temporels de la race. Aussi cette institution ne disparaîtra-t-elle pas de si tôt ; et, disparaissant en apparence, elle se reconstruirait par la force de gravitation de toutes les affinités de la race juive vers une autorité qui est l'âme et la conscience de ce monde à part. La prédominance de l'autorité du *Kahal* sur celle du *Rabbinat* tient à l'essence même de la religion juive, qui accorde une si large part à l'interprétation et tient compte des nécessités de l'heure présente. Le Juif ne reconnaît pas un régime lançant des décretales et pouvant aller à l'encontre du système administratif, reconnu utile. C'est à la religion de céder, ou de transiger. Cette souplesse si commode du dogme religieux a amené quelques penseurs à trouver, entre le judaïsme et le jésuitisme, une frappante similitude.

L'idéal d'outre-tombe, qui exalte le Chrétien et le Musulman, est à peine estompé dans les enseignements juifs et passe presque inaperçu à travers les explications embarrassées des Livres sacrés. A ce point de vue, *la religion juive n'en est pas une*. Le Songe de Jacob et son Échelle résument toutes les aspirations d'Israël, qui ne visent que la domination terrestre. Une idée de détachement des biens de ce monde ne pourrait même être comprise par le Juif. Cette absence du spirituel est-elle une force ? Assurément, lorsque, dans la mêlée des intérêts, un des combattants se sent incapable de mollir devant aucune considération d'ordre supérieur et respecte tout au plus la correction des procédés.

Que faut-il penser alors des réformes projetées par les gouvernements, tendant à la transformation du Juif ? Les gouvernements s'obstinent à faire montre de leur impuissance. Les Juifs, plus avisés, font semblant d'en être émus et gémissent volontiers sur leur sort. Puérilité d'un côté, hypocrisie de l'autre, cela dure un peu, puis le remous se calme et tout rentre dans l'ordre qu'on n'aurait pas dû troubler. Les persécutions brutales doivent être condamnées. Du reste, comme toutes les persécutions, elles ne font qu'exaspérer et fortifier les victimes.

La Russie, généralement très tolérante à l'égard de ses races orientales, cherche, depuis bientôt un siècle, à transformer ses sujets juifs en bons citoyens russes, en comblant de privilèges et d'exemptions ceux qui font mine d'abandonner les voies du judaïsme. Que n'a-t-on pas fait pour transformer les mœurs et les coutumes juives ! Rien de moins réussi que ces tentatives. Les *colonies agricoles juives*, dans le midi de la Russie, ont eu un grand succès de rire. Depuis lors, certaines nécessités d'une liquidation laborieuse, entre propriétaires obérés et leurs créanciers juifs, ont amené ces derniers à s'adonner à l'agriculture. Il en est résulté un singulier phénomène : ce n'est pas le Juif qui a été transformé par l'agriculture, mais c'est l'agriculture qui est devenue méconnaissable. C'était tout indiqué. La discordance entre les lenteurs des exploitations agricoles et les fiévreuses impatiences, propres au caractère juif, ont nécessairement produit une monstruosité. L'agriculture, entre les mains des Juifs, ne pouvait faire autrement que se plier à leur génie commercial et prendre les allures d'un jeu aux évolutions rapides. Ne pouvant pas accélérer le pas, l'agriculture, pressée de près, a dû fournir des matières escomptables et négociables à volonté. Ainsi, les locations des terres, les achats et ventes des récoltes sur pied, les marchés fermes et les marchés résiliables ou échangeables, et surtout le déboisage du pays, par les coupes négociables comme des titres de rente, et finalement la vente des spiritueux, c'était là certainement quelque chose, et ce quelque chose formait un menu qui promettait. Les appétits juifs eurent quelques aliments, l'agriculture a bien fait les choses au commencement. Cette idylle juive, singulièrement travestie, durera-t-elle ? C'est douteux.

On se demande ce que faisait, ce que fait aujourd'hui encore, le vrai, le légitime propriétaire du sol, le naïf Slave, possesseur du plus vaste domaine que la Providence ait jamais départi à une race. Eh ! bien, le pauvre grand fondateur de ce pauvre grand domaine a été ahuri d'abord, entraîné ensuite, et écrasé par les engrenages de cette tactique juive, à laquelle il continue à ne rien comprendre ; il se recueille. Le bonhomme a l'ahurissement facile, mais, qu'on ne s'y trompe pas, ses *recueillements peuvent devenir farouches*.

XXIX

Le Juif dans ses rapports avec l'industrie. — En produisant le mouvement et la circulation, il dépouille le pauvre producteur réel. — Le propriétaire terrien de Russie est tout simplement le fermier du Juif prêteur. — Slaves et Sémites. — L'agencement juif ; la publicité parlée ; les bourses de rues et de cafés. — L'expédition des affaires à la minute et sans paperasses.

CONTINUONS. L'industrie n'aurait pas périclité entre les mains des Juifs, mais leur activité industrielle a été fort restreinte ; car ils ont réfléchi et ont conclu à *l'abstention*. Et voici pourquoi :

Toutes les productions de l'industrie allant aux débouchés, il a suffi que les Juifs s'assurassent le monopole des transactions d'achat et de vente et missent préalablement l'industriel dans la nécessité de leur demander le fonds de roulement, pour qu'il fût démontré à l'évidence qu'il convenait d'en rester là. Surprenante découverte, en effet. Étant donnée cette situation, il serait *ridicule*, se dit le Juif, de *produire n'importe quoi*. Puis, s'emparant d'une des phrases récemment découvertes et dédiées aux exploiteurs, il a dû ajouter, qu'en définitive, « il produisait, lui, le mouvement et la circulation ». Cela étant, le Juif, fier de se voir « producteur du *mouvement et de la circulation* », a pu dépouiller le bonhomme « producteur » au nom de cette théorie que lui ont soufflée les économistes complaisants.

Il est certain qu'en Russie, comme en Autriche et en Roumanie, l'*industriel* est inféodé au Juif *capitaliste* et *intermédiaire*, qui prélève, sur ce qui ne lui est pas dû, un tribut régulier, par son intervention dans un de ces rôles. C'est simple, mais toujours concluant. Le capitaliste juif permet aux industriels de *se croire propriétaires* des usines qui travaillent *pour lui* ; quant à lui, il gouverne, - d'une façon un peu effacée, toutefois impérieuse, - le côté commercial et financier de l'entreprise ; il en détient l'âme, et il abandonne le corps aux mains robustes du *pseudo*-propriétaire.

De même, un propriétaire terrien dans les provinces du Midi et de l'Ouest de la Russie, aussi bien qu'en Pologne, n'est (sans le savoir du reste) qu'un simple *fermier* du Juif *préteur* ; car le plus clair du revenu va au Juif, et le légitime propriétaire du sol est simplement logé et nourri. Il faut bien se dire que l'épaisse bêtise de ce rude travailleur slave est pour beaucoup dans sa ruine et dans sa vassalité, que lui-même forge ses chaînes, que lui-même se livre stupidement à l'insinuant tentateur juif. Mon Dieu, oui ! Il est bête, lui, et tous ceux de sa caste qui ne savent pas s'unir pour la défense ; mais... est-il nécessaire qu'il périsse pour cela ?

Car, voyez le nœud de la question : sans l'intervention du *Sémite* intelligent, le pauvre benêt slave eût évité le jeu dangereux des maniements des fonds avancés ou prêtés, il se fût renfermé dans la simplicité du mécanisme séculaire de son honorable travail. Les rouages compliqués du jeu juif l'ont perdu !

Et, finalement, le malheureux aborigène n'est plus qu'un vaincu, se repliant devant les colons envahisseurs, vaincu par les armes dont lui aussi a voulu se servir imprudemment.

Ici les notions s'embrouillent et les définitions s'entrechoquent. La légalité écrite, est complice d'une manœuvre ténébreuse, quoique correcte ; la légalité sentie proteste. Le pacte sacré du sol avec l'aborigène, l'appartenance mutuelle, les conformités mystérieuses qui unissent les races aux territoires, tout cela, quoique primordial et préexistant, ne serait donc qu'une matière à négociations tombant sous l'application d'un code ? Cela n'est pas ! Quelque chose de tacite, mais de très puissant en même temps, proteste partout contre la mésalliance du *Sémite* cherchant à contracter une union avec la terre qu'il foule, mais qu'il ne chérit pas.

Il est singulier que les Juifs, si intelligents et si fins observateurs s'obstinent à s'emparer des terres et à vouloir devenir propriétaires-fonciers, au mépris de la violation d'un principe qui est plus fort que toutes les législations.

Les villes et les bourgs sont à eux. Ils y règnent et gouvernent, car tel est le bon plaisir du *Kahal*. L'agencement qui assure le fonctionnement de la puissance juive est admirable. Sous l'influence d'une chaude atmosphère de bienveillance et de solidarité mutuelles, les Juifs ont su organiser un jeu de rapports constants qui remplacent avantageusement tout ce que les pouvoirs publics ont créé à l'usage des milieux les plus civilisés. - La publicité, qui facilite tant les affaires, cette publicité coûteuse et cependant suspecte, - les Juifs l'ont remplacée par la publicité parlée, par les incessantes communications d'homme à homme, de commune à commune, de *Kahal* à *Kahal*. Nos conversations banales, notre manie de politiquer, notre esprit même, nous font perdre un temps précieux, que le Juif utilise, lui, dans ses conversations de Juif à Juif, pour établir son programme d'action et vérifier son jeu. Dans les petites villes de province même, les Juifs finissent par adopter un lieu de réunion, une rue, un jardin public, les abords d'un café, pour se communiquer *mutuellement* les nouvelles, établir des *ententes* ou stipuler le *mode de partage*. Voilà certes une bourse qui existe et fonctionne, sans qu'il ait été nécessaire de la créer officiellement. Tandis que, dans nos sociétés méfiantes, les affaires sont l'objet d'une avalanche de paperasses et d'une interminable série de cauteleuses formalités, les Juifs des petites villes forment, sans le savoir, des sociétés par actions, les administrent et les liquident, sans qu'un seul timbre ait été apposé à un seul papier. Le *Kahal* résout les difficultés, s'il en surgit. Nos juges de paix, nos tribunaux, que nous occupons de nos procès, n'interviennent que très exceptionnellement dans les querelles de Juif à Juif.

XXX

Le Juif se spécialise-t-il ? — Il ne s'abrutit pas par la division du travail. — Les incarnations successives et rapides font très vite d'un marchand de lorgnettes ambulant un millionnaire. — Les chiffres ne l'arrêtent jamais : on est associé ou on ne l'est pas. — Aussi, qu'est-ce qui ne leur appartient pas à l'heure qu'il est ? — Il s'agit pourtant de combattre pour l'existence. — Il faut réformer, non le Juif, mais le Chrétien. — Pourquoi ne procéderait-on pas à une révision, à un jubilé, ou cinquantenaire juif ? — Gare à un czarisme juif ! — Henri Heine et son apologue du Léviathan. — Il s'agit finalement de savoir à quelle sauce le naïf Chrétien et l'archi-naïf slave veulent être mangés par le Juif nullement naïf et très roublard !

*I*L convient encore, pour pénétrer le secret de la puissance juive, d'appeler l'attention sur les singularités de leur division du travail.

Et d'abord, on peut dire que le travail *n'est point divisé*, du moins il n'est pas *spécialisé*, il n'abrutit pas l'individu.

Le sacerdoce même n'est pas une spécialité. Tout Juif est commerçant *d'abord* ; industriel ou agriculteur, *s'il le faut* ; courtier, intermédiaire ou négociateur, TOUJOURS.

A ce dernier titre, il a partout ses grandes et ses petites entrées ; il est le parrain obligé de toutes les affaires ; n'en dédaignant aucune ; sachant, à merveille, de par son instinct d'Arabe (inventeur des chiffres !), qu'entre le petit et le grand, la distance n'est qu'une notion conventionnelle.

Les Juifs ont, contrairement à l'opinion répandue, l'épiderme très sensible ; ils sont *pointilleux*, et ils sont *fiers*.

Leur vanité, ou leur orgueil, consiste à se maintenir à la hauteur déjà atteinte, d'où leur regard froid et limpide voit et dirige le piétinement des races occupées à les *servir*. Ils se maintiennent à cette hauteur en s'infiltrant dans les courants de l'activité humaine par la prise de possession de rôles fort modestes en apparence ... Que ce système est profond, dans sa simplicité ! Courtier, intermédiaire, prête-nom, bailleur de fonds : situation réelle, ou quelque chose de subrogé ou de fictif, - mais *toujours* d'une puissante assiette. Ce fonctionnement déborde le but auquel il semblait être destiné, et les métamorphoses apparaissent très vite ; l'intermédiaire se trouve substitué tout à coup au fondateur ; l'intrus, au propriétaire ; le souffleur, à l'acteur ; l'éditeur, à l'auteur.

Et cela se comprend. Les Juifs sont beaux joueurs. Pas de petitesse dans ce qu'ils conçoivent et dans ce qu'ils accomplissent. La ductilité de leurs conceptions n'est point limitée par les chiffres. Là où un Chrétien halète et souffle, le Juif médite bien un peu tout d'abord ; puis le voilà à l'œuvre. Nous sommes petits, nous autres Chrétiens, dans notre envieuse mesquinerie d'égoïstes. Eux, ils n'ont pas peur de donner à leur idéal une envergure imposante. « Les chiffres, les millions, les milliards, nous connaissons cela ! (disent et pensent les Juifs). Question, d'un zéro à ajouter à droite ! Est-ce que nous ne sommes pas associés ? On verra à augmenter le diviseur, si c'est un peu lourd. Voilà tout ! »

Comment s'étonner dès lors que les Juifs, forts de cette argumentation, se soient emparés des chemins de fer, de la presse, des inventions, de la propriété mobilière et immobilière, de la littérature, et même de l'art ?...

Et dire que c'est dans des conditions d'infériorité pareille que le monde travailleur entre dans la période du « combat pour l'existence !... »

Nous ne marchanderons certainement pas nos éloges aux vertus et aux qualités éminentes des Juifs ? Nous y ajoutons seulement le vœu qu'ils en aient *moins*, ou que nous en ayons, nous, *davantage*. Cela égalisera, du moins, la partie.

Lorsque, vaincus sur tous les terrains, nous verrons qu'il nous faut, à nous aussi, un *Kahal*, eh bien ! nous l'aurons ! Quant à réformer le Juif, il ne faut pas y songer ; donc, il faut réformer le chrétien !

Mieux vaudrait, après tout, *réviser* les fortunes juives, déclarer toutes les ruches chrétiennes *en faillite*, et inviter les frelons à composer. Et cela, avant peu.

Les Livres juifs parlent d'une très belle cérémonie de clôture de comptes, en grande *liquidation*, qui, chez ce peuple aussi religieux (?) que bon comptable, accompagnait jadis le Jubilé, le Cinquantenaire juif (*Schenat Haïjobel*). Alors, les crieurs proclamaient, à son de trompes, au peuple en délire, la remise de tout ce qui était dû aux riches, le retour aux débiteurs des terres que les créanciers détenaient à titre de gages, l'affranchissement des esclaves, etc., etc.

Or, cela était vraiment beau, d'une beauté nécessaire ; cela apportait remède aux violents ruptures d'équilibre. Aujourd'hui, une fausse honte seulement empêche les Chrétiens de demander aux Juifs le rétablissement de cette pieuse coutume. Au fait, était-ce bien de la *piété* ?

Toujours est-il que cette coutume est aujourd'hui encore le seul mode de liquidation possible. Le monde ferait *peau neuve*. Puis, on recommencerait !

Sinon, nous autres Slaves, nous allons voir surgir un czarisme *juif*, à côté du czarisme *politique* dont nous jouissons déjà. Et s'il y a conflit entre les deux pouvoirs ?... On arrive ainsi jusques à l'absurde. Preuve évidente que cela ne saurait durer. L'abaissement des caractères, dû aux humiliations que nous inflige l'argent, cet abaissement ne saurait désormais se prolonger sans amener une explosion quelconque... En voilà assez !...

Henri Heine décrit spirituellement, dans son *Romancero*, la dispute des Augustins et des Rabbins juifs à la cour de Pierre le Cruel. Les Rabbins cherchent à séduire les Moines par la description de l'immense poisson « le *Léviathan* », dont la chair est succulente et que le Père Éternel fera cuire pour le grand repas qui devra célébrer le triomphe de son peuple élu. En fait d'invités, il n'y aura que des Juifs. Une partie du *Léviathan* sera accommodée avec de l'ail, l'autre sera servie à la matelote.

Ainsi le gros et indolent *Léviathan* sera finalement dévoré à belles dents par ces frétillants petits carpillons d'eau douce. Comme c'est bien cela !

Cet immense poisson, cet indolent *Léviathan*, ne serait-ce pas toi, naïf Chrétien ? Toi surtout, archi-naïf Slave ? A quelle sauce veux-tu être mangé ?

Qu'est-ce à dire ?... Tu réponds que « tu ne veux pas *être mangé du tout* » ? Mais, malheureux ! de quoi t'avises-tu là ? TU SORS DE LA QUESTION !...

FIN

Table des matières

Avant-propos — 9

Chapitre Premier — La Question juive. — Gouvernement occulte des Juifs. — Le *Kahal* et le *Bet-Dine*. — *Le Livre sur le Kahal*, de Brafmann. — Le discours d'un grand rabbin. — But poursuivi par le peuple juif en tout pays. — Le Veau d'Or toujours debout. — La toute-puissance de l'Or promise aux fils d'Abraham. — Elle va se réalisant et l'on touche au résultat tant attendu. — Tableau de la situation financière en Europe. — Les Juifs en sont partout les maîtres. — Il s'agit pour eux de parachever l'œuvre de domination en tout et partout. — À qui veut la fin, tous moyens sont bons. — Il faut s'entr'aider... entre Juifs. — A eux les questions sociales et le faux zèle démocratique, pour agir sur les masses et les soulever à point nommé. — Les révolutions, clandestinement provoquées et fomentées par eux, font les Juifs les Rois de la Terre.. 17

Chapitre II — Toussenel et *Les Juifs, Rois de l'Époque*. — Eux, peuple de Dieu !... — Allons donc !... — Tas de farceurs, de... grugeurs. — Tacite, Bossuet, Voltaire, Fourier, unanimes à ce sujet. — Les Juifs, raffineurs en fraude commerciale, voilà où ils excellent. — La Prusse et la Russie en savent quelque chose. — Napoléon Ier l'avait bien senti, dès 1805 ; et cependant !... — Trafic et usure, métier exclusif des Juifs. — Ils n'emploient leurs dix doigts qu'à manier et pressurer l'argent. — Monopoleurs et accapareurs, parasites et vrais vautours, tels sont les fils non dégénérés des pharisiens et des scribes d'Israël. 27

Chapitre III — Les Juifs peints par l'un deux. — Leurs mystères dévoilés. — Plus de mille ordonnances du *Kahal* et du *Bet-Dine*. — Le vieux Talmud mis au rancart et remplacé, pour les besoins nouveaux, par une doctrine arbitraire et despotique. — Tout pour dominer *per fas et nefas*. — Démonstration par les faits et les documents péremptoires. — Ce qui s'est passé en Russie, en Pologne, en Sibérie, en Roumanie, même en France. — Protestation trop motivée des Roumains et des habitants de Vilna contre les envahissements des Juifs. — En vain a-t-on voulu supprimer le *Kahal* et le *Bet-Dine*.. 31

Chapitre IV — Documents servant de preuves à l'appui de tout ce qui précède. 35

Chapitre V — Les facteurs juifs, agents commissionnés par le *Kahal*. — Agents de surveillance et agents de corruption. — Ils sont toujours partout, et rien ne leur échappe. — Agents de la basoche. — Salaires d'entremetteurs. — Le rapport au *Kahal*. — Juifs et *Goïms*. — Juifs et Juifs. — Juifs et *Kahal*. — *Kahal* et *Goïms*. — Les dons et l'argent : arme de prédilection, talisman irrésistible. — La pièce : *un mot au Ministre*. — Comment procède le *Kahal*. — La commission d'enquête de l'Empereur de Russie. — Comment elle fut paralysée. — La cotisation juive, d'un million de roubles d'argent. — L'ultima ratio du poison. — Le tentateur repoussé. — Temporisation de l'Empereur. — Le directeur général Spiranski. — Le ministre Koczubéi. — Le serpent Péretz. — Ukase de réforme rengainé et statu quo maintenu. — Le tour est joué : Vivat Mascarillus !... — Les paysans russes continueront à être intoxiqués à bons deniers comptants. 41

Chapitre VI — Documents fournissant la preuve authentique de tout ce qui a précédé. 49

Chapitre VII — La cuisine des abattoirs juifs. — La viande prétendue pure et la viande impure bonne pour les Chrétiens. — *Kochère* et *Tref*. — L'impôt de la boite pour le *Kochère*. — Le Shochet ou boucher privilégié. — Barbarie révoltante et adresse merveilleuse. — Les huit espèces de viande impure (*Tref*). — Profonde science sur le *tref*. — Il est défendu aux juifs, par *Moïse*, de manger de la charogne, mais il leur est permis de la vendre aux non-Juifs. — Rigoureuse surveillance du *Kahal* à cet égard. — C'est avant tout une affaire d'impôt. — Importance de l'impôt de la boite. — On est parvenu à obtenir la protection gouvernementale aux autorités juives pour la perception de cet impôt de secte. — Préjudice causé ainsi aux populations des contrées où habitent les Juifs.. 57

Chapitre VIII — Documents extraits du livre de Brafmann sur le *Kahal*, donnant les preuves de ce qui précède. — Quelle valeur peut avoir le témoignage d'un Juif surveillé par le *Kahal*... 67

Chapitre IX — Rapports des confréries juives avec le *Kahal*. — Influence qu'exercent ces confréries sur les Juifs et les Chrétiens. — Elles font de tous les Juifs répandus parmi les Chrétiens une corporation invisible, et toute-puissante. — La confrérie du Talmud : la Savante. — La confrérie de Bienfaisance. — La confrérie des Artisans. — La confrérie de Religion. — La confrérie des Funérailles, etc. — Autant de petits *Kahals*, instruments aveugles du grand *Kahal*. — Actes et documents à l'appui de ce qui précède. 73

Chapitre X — La cérémonie juive *Alïa*. — Partage des Juifs en patriciens et plébéiens. Obligation de lire les cinq livres saints, sous peine d'être persécuté par l'Ange des ténèbres. — La loi de la Tora. — Kohen et Lévi ; Lévi et Zarodi. — Le Segan, ou Gaba, et le Samosche. — Bénédiction des bénédictions. — L'échelle des *Alïas*. — Querelles et scandales entre dévots, patriciens et plébéiens.... 79

Chapitre XI — Autorité du *Kahal* dans son district. — Elle montre bien la vérité du mot de Schiller : *Les Juifs sont un État dans les États*. — Toutes les propriétés comprises dans son ressort lui forment un territoire fictif, relevant réellement de son *dominium*. — Le *Kahal* est propriétaire *in partibus* des biens soi-disant possédés par des non-juifs, il a le droit de les vendre par parcelles aux Juifs. — Tout Juif est l'homme lige de son *Kahal*. — Les Juifs n'obéissent que superficiellement aux lois du pays où ils habitent. — Machiavélisme du *Kahal*. — Le droit de *Hazaca* ou de *Meropiié*. — *Goïm* et Juif, c'est un combat pour l'existence, car le *Goïm* est comme inconsciemment livré par le *Kahal* à une araignée, à une pieuvre, à un vampire invisible. — Actes et documents qui mettent pour la première fois en évidence cette terrible vérité. — C'est en Russie, en Pologne, en Roumanie, que fonctionne surtout le monstre dévorant du *Kahal*. — La roublardise du *Kahal* juif en Russie lui a soumis, comme un docile auxiliaire, l'autorité civile de l'Empire pour le recouvrement de ses impôts religieux qui font sa force. — La pauvre veuve Broïda battue et payant l'amende : l'autorité russe sert de gendarme au *Kahal*. — Il est parvenu à se faire payer un impôt indirect même par la population chrétienne. — Il en est venu à édicter des impôts recouvrables *nonobstant opposition du gouverneur civil* de Minsk. — En un mot, il a réussi à tout fouler aux pieds et à mettre les Chrétiens eux-mêmes dans sa dépendance. — La forme effroyable du *Herem*, à la fois serment et anathème (excommunication suprême). — Prière qui suit la publication du *Herem*. — Les trois catégories du serment juif. — Répugnance des Juifs à prêter serment. — Le serment n'a d'importance peur eux qu'autant qu'il est prêté devant un tribunal juif. — Partout ailleurs, un faux serment importe peu.. 83

Chapitre XII — Documents traduits du *Livre sur le Kahal* et démontrant la vérité de ce qui vient d'être dite... 97

Chapitre XIII — La fête du *Rosch Haschana* (*la nouvelle année*) et la cérémonie de *Fekiel-Chofère* (*du Son du cor*). — Le Rosch-Haschana n'a guère de raison d'être depuis la chute du temple de Jérusalem, puisque c'était un jour de triomphe. — Les adroits meneurs d'Israël y ont substitué *Moussaphe*, service de synagogue, service funèbre, de pleurs, de cris, de lamentations. — La maigre sonnerie du cor (du cor de chasse) n'ajoute rien à la solennité pénible de ce jour-là. — Toutes les exégèses de la docte Cabale n'en peuvent mais — on n'ose pas réformer... et pour cause. — Document. 103

Chapitre XIV — Institutions accessoires de la synagogue. — La cour et les communs. — Le *Bet-Haknest* ou synagogue principale. — Le *Bet-Gamidrasch* ou maison de prière et école. — Le *Bet-Hamerhatz* ou bains à vapeur. — Le *Bet-HaKahal* ou chambre de *Kahal*. — Le *Bet-Dine* ou tribunal. — Le *Hek-Dech* ou refuge des pauvres sordides..... 109

Chapitre XV — Le *Bet-Dine*, section judiciaire du *Kahal*. — Juridiction juive instituée par le Talmud pour soustraire les Juifs aux tribunaux *Goïms* ou non-juifs. — Pénalités sévères contre les contrevenants. — Autorisations exceptionnelles et secrètes. — Pouvoir absolu du *Bet-Dine*, se concertant avec le *Kahal*. — La fortune d'un justiciable influent déclarée Hefker, c'est-à-dire abandonnée au pillage. — Procédure du *Bet-Dine* : citations, *Indouïs, Schamosches*. — Les *Daïons*, juges et experts. — Renvois devant les tribunaux chrétiens, comme pis aller et châtiment. — Blancs-seings annulant par avance les jugements à intervenir. 111

Chapitre XVI — Actes et documents prouvant ce qui précède.... 117

Chapitre XVII — Le *Kabolat-Kinion* ou *Souder* : ventes et achats entre Juifs. — Le soulier de l'acheteur offert au vendeur. — Un pan de la soutane, un mouchoir, remplacent aujourd'hui le soulier. — C'est le *Kabolat-Kinion*, opérant translation immédiate du droit de propriété du vendeur à l'acheteur. — Supérieur encore est le prestige d'une vente prononcée par le *Kahal*. 121

Chapitre XVIII — Célébration des noces juives. — Elles commencent la veille du sabbat par le *Kabolat-Schabat*, sérénade de mélodies nationales. — Le lendemain, *Alia-Maxtir*. — Pluie de noix, d'amandes, de figues, etc. sur le futur. — Enfin la grande cérémonie. — Placement de la dot. — Salaire du *Chadhan*, négociateur du mariage. — Droit de *Rahache*, au profit du rabbin, du chantre et du staroste. — Salaire des musiciens. — *Talet* et *Kitel*, habits de la prière et de la mort. — Le *Badhan*, l'improvisateur-farceur, commence à fonctionner. — Toilette de la mariée, qui se fait sur un pétrin renversé. — Arrivée du fiancé, qui couvre la tête de sa future de l'écharpe qu'elle lui a envoyée. — On lui jette du houblon et de l'avoine. — Marche triomphale vers le *Huppe* (dais ou baldaquin). — Les mariés s'y placent. — Ordre et marche du cortège. — Bénédiction, vœu et acte d'épousailles. — Prière de la coupe. — Remise de la bague. — Retour, musique en tête. — La soupe d'or. — Le festin de la noce. — Les préséances et l'égalité. — L'art des serviteurs à soigner les convives d'élite. — *Badhan* et l'orchestre fonctionnent à tour de rôle. — Le cri final : *Drosche-Geschenke* ! L'énumération des cadeaux. — La danse *Kochère*. — Reconduite du couple à la chambre nuptiale. — Le *Kahal*, maître souverain de ses sujets dans leur vie privée. 125

Chapitre XIX — La Circoncision. — Les précautions contre Satan. — Le talisman *Schir-Garmalot*. — Visite et prière des connaissances de l'accouchée. — Prière à la synagogue et honneur fait au père. — Le *Chaleme-Zahor*, félicitations et politesses. — Le *Wach-Nacht*, veillée du huitième jour. — Soins préalables à l'opération. — Réunion des huit participants, des dix témoins, et des parents et invités. — On procède à la pratique de la douloureuse circoncision. — Prière et chants criards qui l'accompagnent. — Un élu de plus par le peuple de Dieu. — Fête et réjouissances sous le bon plaisir du *Kahal*. — Gare au *tref!* 131

Chapitre XX — Hiérarchie des dignités chez les Juifs. — Autonomie de leurs institutions primitives. — Les comités provinciaux et les *Bet-Dine* les remplacent. — Le Talmud accroît son empire. — République *talmudo-municipale*. — Organisation des communautés juives. — Le *rabbin* et les *Parnesses*. — *Habor* et *Moreïne*. — Degrés du *Kahal* et du *Bet-Dine*. — Élections. — Le rabbin n'est pas un prêtre. — Napoléon Ier et les Juifs. — La question juive en Russie, en 1866. — Les Juifs toujours Juifs. — Grave erreur de Napoléon Ier. — Tout Juif est prêtre. — Tout ce qu'on a fait pour réformer les Juifs a été nul. — Napoléon Ier s'est mis le doigt dans l'œil. — Les Juifs se parent des Spinosa, des Salvator, des Meyerbeer, des Rachel, comme le geai des plumes du paon. — Vive le Talmud et l'*Alliance* israélite !... — Les écoles juives font tache d'huile. — Erreurs du gouvernement russe, qui s'est aussi mis le doigt dans l'œil. . 135

Chapitre XXI — Preuves à l'appui............................ 157

Chapitre XXII — Les *Mélamèdes*, maîtres d'école et précepteurs juifs. — Le *Heder* ou école. — Plébéiens et patriciens juifs. — Ceux-là sont condamnés à être les subalternes et très humbles serviteurs de ceux-ci. — Les élèves des Mélamèdes. — État de la question scolaire chez les Juifs. — Tout par et pour le Talmud. — *Eschabots*, *Talmudors*, *Clauzers* : taudis à écoliers....................... 161

Chapitre XXIII — Le *Yom-Kipour*, jour de la rémission des péchés, et le *Gatorat-Nedovime*, cérémonie de l'absolution. — Comment on allège la mémoire au lieu d'alléger la conscience du pécheur juif. — La fameuse prière de *Kol-Nidre* qui délie de tous les engagements et serments de l'année : jubilé annuel fort commode et assez scandaleux. — Le *Gatovat-Nedovime* et le *Messirat-Madna,* autres cérémonies non moins commodes, qui autorisent le faux serment et le faux témoignage dans les procès des Juifs contre les Chrétiens. — Et maintenant, à Jérusalem ! **169**

Chapitre XXIV — La cérémonie du *Caporet* comme purification. — Le Juif attrape un coq, la femme juive attrape une poule ; on les jette au loin, puis on les tue et les mange avec appétit... et on est purifié. **173**

Chapitre XXV — La *Mikva,* purification spéciale à la femme. — Jadis un ruisseau d'eau vive, aujourd'hui un grand bassin d'eau sale, une cuve sordide, où les femmes vont faire deux ou trois plongeons suivis d'une horrible opération de rince-bouche. — Le tout sous les yeux et la baguette d'une affreuse mégère préposée à ce supplice digne de l'*Enfer* de Dante. — Il faut l'avoir vu pour le croire, mais cela est, et rapporte gros au *Kahal.*................................ **175**

Chapitre XXVII — *Kidesch* et *Gabdala,* prières sur la coupe. — Vin ou pain, eau-de-vie ou bière. — Mais le vin ne manque jamais, et c'est grand honneur de l'offrir. — On rend grâces à Jéhovah de ce qu'on est son peuple élu. **179**

Chapitre XXVII — On ne *naturalise* pas les Juifs. — Il faut qu'ils soient dépouillés du droit talmudique de dépouiller et d'exploiter les Chrétiens. — Il faut en finir avec ces agglomérations de Juifs qui ne font rien que la fraude, l'usure, l'agiotage, le mercantilisme, la vente de l'eau-de-vie, etc. — Il faut en faire des cultivateurs, des ouvriers utiles, et abolir, supprimer ces autorités usurpatrices qui les oppriment. — Il faut en faire des citoyens et des concitoyens........ .... **181**

Chapitre XXVIII — Il n'est plus temps de rire. — Sait-on qui rira le dernier ? Au lieu de nier le danger, regardons-le en face. — Le *Kahal* est coriace et a la vie dure. — Rabbinat, judaïsme et jésuitisme. — Le Songe et l'Échelle de Jacob. — Pas de persécution brutale, mais pas d'illusions, ni de ménagements non plus. — Que la Russie avise sérieusement. — Qu'elle voie ce que les Juifs ont fait de l'agriculture. — L'idylle juive peut-elle durer et ne menace-t-elle pas de devenir un drame farouche ?.. .... **183**

Chapitre XXIX — Le Juif dans ses rapports avec l'industrie. — En produisant le mouvement et la circulation, il dépouille le pauvre producteur réel. — Le propriétaire terrien de Russie est tout simplement le fermier du Juif préteur. — Slaves et Sémites. — L'agencement juif ; la publicité parlée ; les bourses de rues et de cafés. — L'expédition des affaires à la minute et sans paperasses. 187

Chapitre XXX — Le Juif se spécialise-t-il ? — Il ne s'abrutit pas par la division du travail. — Les incarnations successives et rapides font très vite d'un marchand de lorgnettes ambulant un millionnaire. — Les chiffres ne l'arrêtent jamais : on est associé ou on ne l'est pas. — Aussi, qu'est-ce qui ne leur appartient pas à l'heure qu'il est ? — Il s'agit pourtant de combattre pour l'existence. — Il faut réformer, non le Juif, mais le Chrétien. — Pourquoi ne procéderait-on pas à une révision, à un jubilé, ou cinquantenaire juif ? — Gare à un czarisme juif ! — Henri Heine et son apologue du *Léviathan*. — Il s'agit finalement de savoir à quelle sauce le naïf Chrétien et l'archi-naïf slave veulent être mangés par le Juif nullement naïf et très roublard ! 191

- the-savoisien.com
- pdfarchive.info
- vivaeuropa.info
- freepdf.info
- aryanalibris.com
- aldebaranvideo.tv
- histoireebook.com
- balderexlibris.com

www.ingramcontent.com/pod-product-compliance
Lightning Source LLC
LaVergne TN
LVHW091545060526
838200LV00036B/713